大雪山讃歌

高澤光雄

mitsuo takazawa

北海道
出版企画センター

旭岳三景

北鎮岳より　昭和36(1961)年7月24日

熊ケ岳より　昭和36(1961)年7月24日

当麻乗越より　昭和34(1959)年7月29日

彩色画三景

姿見の池より旭岳　昭和35(1960)年7月24日

初化粧の大雪連峰　芦別岳頂上より　昭和35(1960)年10月4日

十勝岳新噴火口　昭和33(1958)年8月20日

古き好き時代の絵はがき1

大雪山旭岳
石室

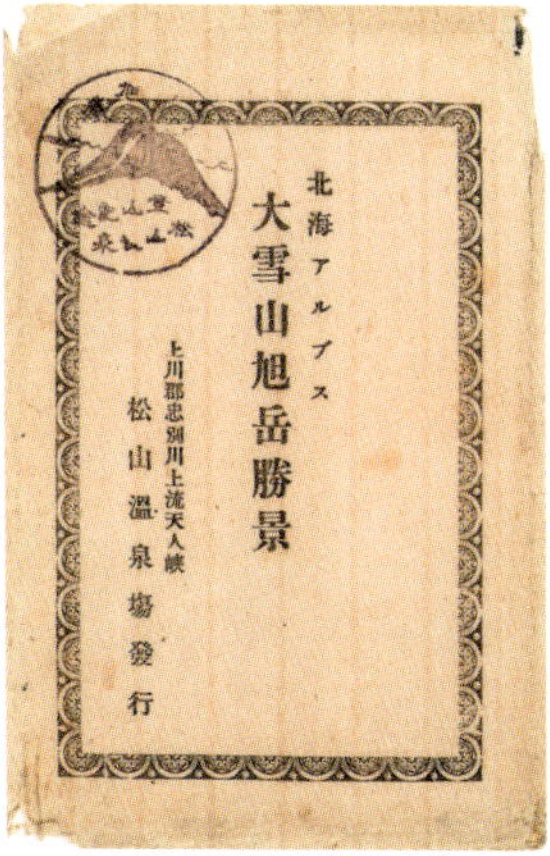

『北海アルプス　大雪山旭岳勝景』
松山温泉場発行　12枚組

天人峡松山温泉附近
屏風岩

古き好き時代の絵はがき2

昭和2年秋に東京で「北海道大雪山洋画展覧会」が、主催・大雪山調査会、後援・丸ビル美術倶楽部で催され原画絵葉書16枚組が発売された。

（表紙絵ともに村田丹下）

大雪山旭岳ノ秋景

『北海アルプス　大雪山絵葉書』
大雪山調査会発行　8枚組

大雪山黒岳とニセイカウシユペ山

古き好き時代の絵はがき3

當麻乗越より旭岳を望む（大雪山）

当麻乗越より旭岳を望む

『北海の秀峰　国立公園大雪山の驚異』
北海道絵葉書倶楽部発行　8枚組

夕陽を浴びて花の台尾根

古き好き時代の絵はがき4

勝仙峡・羽衣滝
大正10年8月
大町桂月の詠んだ漢詩

『大雪山国立公園の代表的渓谷美　勝仙峡の所々』
和歌山・TAISHO PHOTO　8枚組

国立公園・勝仙峡
羽衣温泉より天人巌を望む

古き好き時代の絵はがき5

大石狩岳頂上より石狩川水源地沼ノ原、トムラウシ山などを望む

『北海アルプス　大雪山絵葉書』
大雪山調査会発行
第一グラビア印刷株式会社印行
16枚組

大雪山の雲ノ平より凌雲岳・北鎮岳を望む（女性が多く参加している）

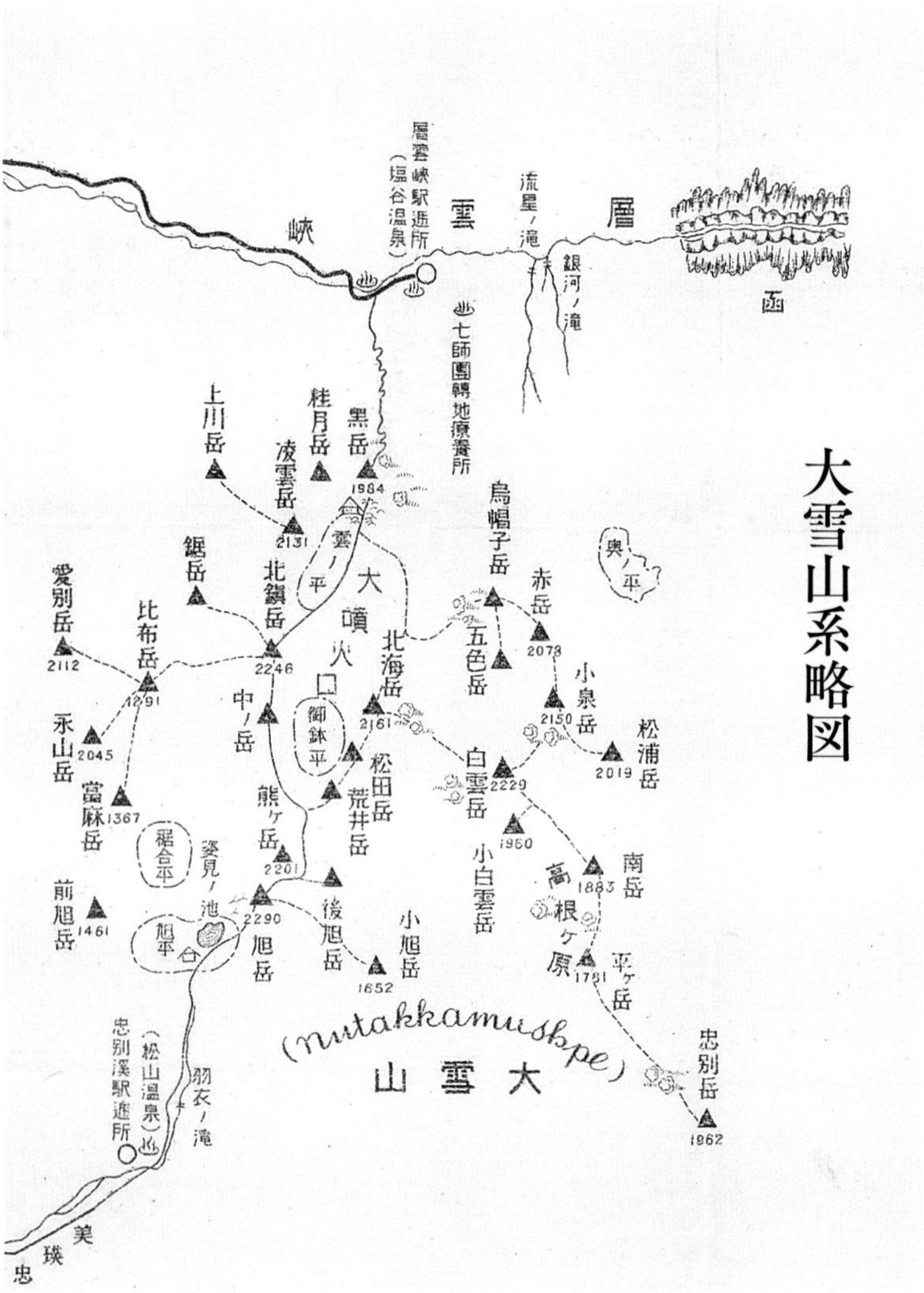

『大雪山登山　案内図』
（旭川市大雪山調査会　発行年不詳）

序文

東川町長　松岡　市郎

大雪山を通じて東川町民とご縁が生まれた高澤光雄さんが、昨年の国立公園指定80周年を祝って『大雪山讃歌』を執筆、出版されたことは、旭岳ふもとの写真文化首都「写真の町」東川町にとりましても非常に意義深く、お礼を申し上げなければなりません。

高校三年時の旭岳登山は現在の高澤光雄という素晴らしい登山家を誕生させています。人々は出会いを「感動、絶景、実力」などと表現していますが、高澤さんにとって大雪山旭岳と人々との出会いは「最良の教師」、その後の素晴らしい登山家としての人生の起点となっているように思います。

登山家高澤さんの人生に大きな影響力を残された松山温泉（現在の天人峡温泉）の故佐藤門治さん、勇駒別温泉（現在の旭岳温泉）の故工藤虎男さん、当時旭川東高校で教鞭をとっておられた故速水潔さんは本町との関わりが大変に深い方々ですが、当時の寛大な山男に対する感謝と恩義が伝わってきます。

登山家高澤さんは数々の山頂を極め、海外の名峰も踏んでおられます。しかも、ひとつを登るたびに必ず登山記を書き残していますが、見方を変えると、山の素晴らしさや厳しさを書き伝えるために登山を続けておられるようにも思えます。

俳句を詠まれる豊かな感性が鮮やかな文体に滲み、その登山記は臨場感を持って一気に読み進むことが出来ます。

所どころに挿しいれられた、さりげない山や花のスケッチにも豊かな登山歴が偲ばれ、山岳文化を様々な形で紹介しています。

本町の町史編集員である西原義弘さんから「開拓120年と国立公園指定80周年を記念して、大雪山の資料を収集し、保存し伝え残すこと」は意義深いと提言がありました。

その資料収集活動の中で、高澤さんとの西原さんの出会いがありました。西原さんのお話しに賛同された高澤さんは、これまでに収集されてきた明治、大正期発行の貴重な絵はがきや古書など数々の「お宝」を、ゆかりの深い東川町に寄贈していただきました。

そして恩人のことを書き残す目的もあって『大雪山讃歌』を執筆されたとも伺っております。山男の熱いお気持ちがひしひしと伝わってまいります。

「日本山書の会」全国総会に合わせて、数多くの登山記の集大成ともいえる『大雪山讃歌』が発行されますことを、心から讃えましして序文とさせていただきます。

ありがとうございます。

大雪山讃歌　目次

序文　　東川町長　松岡市郎

写真で見る大雪山

探検・登山・保護への歩み

かつてヌタクカムウシュペと呼ばれていた大雪山は、原始の秘境でヒグマや野獣たちが奔放に横臥していたことであろう。その楽園に最初に足を踏み入れたのは、いったい誰だったのであろうか。大正十三年に白雲岳と小泉岳中間の南斜面、ヤンベタップ沢の起点付近から石鏃を造ったとみられる遺跡が発見された。完全な石鏃も多く採集されているので、先住民族の狩猟の場だったに違いない。

蝦夷ケ島として幽閉な地であった北海道に、和人が移住して開拓の息吹を、奥地へと探検の目が向けられたのは、徳川幕府の鎖国政策が危ぶまれ、ロシアの南下で国防が強いられた時代であった。

蝦夷地探検から文明開花の測量へ

著名な最上徳内、間宮林蔵、近藤重蔵らによって、樺太・千島とともに蝦夷地の踏査がなされ、海岸線から次第に山間部の奥地へと進んでいった。寛政二年（一七九〇）最上徳内作図によると、中央部には〝山沢　石狩川上　北辺瞑野　此辺

最上徳内（1755—1836）

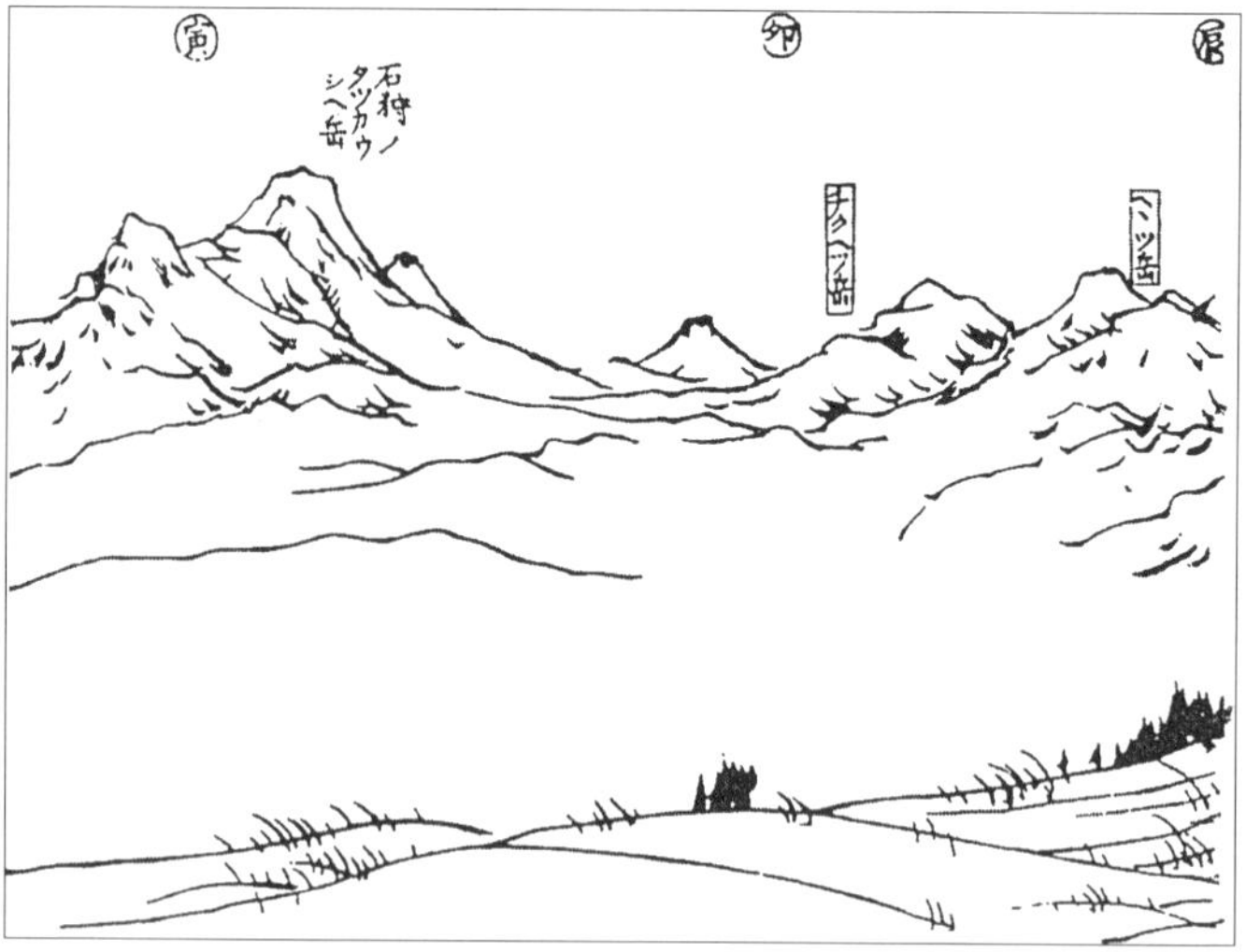

松浦武四郎が描いた大雪山の図（万延元年（1860）『十勝日誌』）

ライマン（1835—1920）

松浦武四郎（1818—88）

冬春雪上　和夷人共往来ス　夏秋ハ処ニ温泉地アルユヘ廻道ヲユク〟とあり、享和二年（一八〇二）近藤重蔵作図によると、石狩川のカムイコタン両岸に険悪な高い山が描かれ、さらに交通路は天塩、北見方面まで延び、悪路としてつけ加えられている。文化年間（一八〇四〜）には間宮林蔵が石狩川を遡り、サンケソマナイ（中愛別石垣山付近）に至っている。安政四年（一八五七）の松田市太郎や松浦武四郎の踏査により、定かでなかった現今の大雪山は〝石狩岳〟と命名され、時代は蝦夷地から北海道へと脱皮していくのである。

　開拓使政策でいち早く欧米文化が取り入れられ、地形測量、地質鉱物の調査には外国人を招聘し、新しい技術を駆使しながら実施。明治五年、開拓使・高畑利宜が石狩川上流の大函小函あたりの測量を手始めに、ワスソン、ライマン、松本十郎と相次いで奥地探検を行った。明治

高島得三『寫山要訣』(明治36年発行)

志賀重昂『日本風景論』(明治27年発行)

七年七月にはライマンが石狩川を遡り、山越えして音更川に下っている。本格的な陸地測量がなされたのは、明治十七年で内務省属・高橋不二雄らによってである。福士成豊の忠別川、石狩川筋の測量援助によって石狩岳をはじめ諸山岳を踏査し、周辺連山の位置を測量した。明治二十年刊「北海道全図」には、現今の旭岳は〝東オプタテシケ山〟としてお目見えする。旭岳に一等三角点が撰点されたのは明治三十三年九月で、陸軍参謀本部陸地測量部・館潔彦によってなされた。その時の登路は東川村を起点に忠別川を三里遡行し、左方に測点道を伐採した通路を二里ほど登って小川に達し、急斜、険悪路を登ること五里にして頂上本点に達している。三角点名は〝瓊多窟（ヌタック）〟、埋石は三十四年十月、観測は三十八年七月から九月にかけて行われた。この時に観測に従事した中島摧は、山頂で観測中に濃霧に襲われ、登山路を見失って山中にさまよい、難渋した遭難記を『武侠世界』山岳踏破号（大正十一年七月）に「濃霧に襲われた石狩岳の六日」と題して寄稿している。

内務省地理局で地質・植物の調査で活躍した高島北海（得三）は明治三十六年に『寫山要訣』を著し、その中に羅有珠山・雄阿寒山・利尻岳・後方羊蹄山・樽前山・有珠岳・駒岳とともにヌタップカウシベが豪勢に描かれている。この頃、志賀重昂著『日本風景論』（明治二十七年より三十六年にかけて毎年増補改訂版を発行）や、松原岩五郎『日本名勝地誌北海道之部』（明治三十二年刊）などによって多くの人が触発され、北海道でも登山の気運は昂まっていった。

明治四十三年に愛別村長太田龍太郎は、大雪山の自然景観の美しさを保護しようと奥地を探検、そのすばらしさを「霊山碧水」と題して「北海タイムス」に連載した。当時、この地方は政商富豪への土地払下げ占有が高まっているなか、太田はすぐれた景勝地は国家が保護すべしと訴え、「石狩川上流霊域保護国立公園経営ノ件」という陳情書を逓信大臣兼鉄道院総裁男爵後藤新平に明治四十四年十月十日付で提出した。太田は大雪山の自然を守る先覚者であった。

大正十年、陸地測量部・稲田巳喜雄らが黒岳沢から登攀して三角測量がなされ、五万分之一地形図「旭岳」および「ヌタクカムシュペ山」が発行されたのは大正十三年であった。

太田龍太郎（1863—1935）
（笹川良江編『太田龍太郎の生涯』より）

『寫山要訣』に描かれたヌタップカウシベ

登山者が続々と台頭

旭岳に団体登山が最初に行われたのは明治三十六年六月十一日で、上川文武館の生徒二十一名である。上川中学（大正四年に旭川中学と改称）では明治三十九年から学校の行事として毎年大雪山に登るようになった。いずれも最初のころの登山案内は、測量に従事した人夫が担当していた。明治四十二年八月に日本山岳会会員・大平晟をピウケナイから旭岳に案内したのは佐藤岩蔵であった。

大雪山を科学的に究明した「北海道中央高地の地学研究」（日本山岳会『山岳』第十二年第二・三合併号　大正七年刊）を著した旭川中学教諭・小泉秀雄は、明治四十四、大正三、五、六年と

明治36年６月11日、上川文武館生徒21人がオプタテシケ噴火山（現旭岳）に団体登山を行った（『グラフ旭川』82年４月号）

大正十年大雪山登山の際の大町桂月
（北海タイムス旭川支局樓上）

小泉秀雄（1885—1945）

大正10年８月、大雪山に登った時の大町桂月（1869—1925）

四度にわたり大雪山に登って苦難の調査を行ったが、そのいずれもが成田嘉助の案内、助力によるものであった。嘉助は大正九年七月にノカナンの高橋浅市とともに慶応大学の大島亮吉、田中三晴を案内して、松山温泉から化雲岳を経て石狩岳に登り、石狩川に沿って下った。翌十年八月に文豪・大町桂月（当時53歳）が和服姿で草鞋ばき、リュックを背負い、杖をつき、まだ登山道とてなかった黒岳沢から黒岳に登り、北鎮岳、旭岳を縦走し松山温泉に下った。滞在中に桂月は霊山渓と呼ばれていた渓谷を層雲峡、無名の高峰に桂月岳と命名した。その紀行を「富士山に登って、山岳の高さを語れ、

明治30年、アイヌの案内で温泉を発見した松山米蔵（写真中央）、後方に見えるのが、当時の松山温泉旅館

明治43年当時の天人峡温泉。当時は松山温泉と称していた。忠別川の左岸に旅館、右岸に浴場があり、つり橋を渡って温泉に入りに行った

大雪山に登って、山岳の大きさを語れ」と『中央公論』に発表。北海道の知られざる奥地の山岳が、世に広く知れ渡った。

大正10年、大雪山に登って名文を残した大町桂月。その胸像のレリーフが現在も層雲峡温泉園地にある
（1979年７月22日　撮影）

北海道山岳会と大雪山調査会、そして国立公園に指定

〝山岳は自然の王なり〟の標語のもとに、北海道山岳会が大正十二年一月に発会式をあげた。総裁は北海道庁長官で行政的な官製山岳会である。山岳思想の普及、登山の大衆化をめざし、広大な北海道の土地に移民を促す植民地的政策もあった。各地に支部を設け、早くも八月に旭岳で大衆登山会を行い四七名の参加を得ている。翌十三年八月に旭岳と黒岳に石室を竣工し登山道を整備。「登山見学旅行系統図」や「北海道主要山岳登路概況」なども発行し、啓蒙に務めた。

大正12年１月に創設した北海道山岳会上川支部では８月19日47名が旭岳に登頂した

大正14年８月15日から４日間、北海道山岳会主催、大雪山調査会後援、第３回大雪山夏期大学が開かれ、和服の婦人も参加した。黒岳石室前にて

小泉秀雄『大雪山登山法及と登山案内』

河野常吉『大雪山及石狩川上流探検開発史』

またこの年に大雪山調査会が組織された。当時、日本アルプスを訪れる登山者は十万人を超し、大雪山を北海アルプスとして世に広く宣伝する目的もあった。登山者の便をなすために層雲峡案内組合も組織された。大雪山調査会から十五年に小泉秀雄著『大雪山登山法及登山案内』、河野常吉著『大雪山及石狩川上流探検開発史』がそれぞれ発行された。

昭和六年に国立公園法が制定され、北海道庁でも『北海道ニ於ケル国立公園候補地調査概要』を作成し、誘致運動を展開した。当初の国立公園予定区域は大雪山から十勝岳にかけての火山帯であったが、十勝側の林豊洲ら地元関係者の熱心

昭和８年、林豊洲は道東視察中の国立公園委員田村剛博士一行を然別湖、扇ガ原に案内し、国立公園の区域選定について拡大を現地協議する

国立公園指定の内報を受けた林豊洲らは、告示に先立ち昭和９年９月に仙翠渓入口（上士幌町）に看板を設置した

昭和25年当時の糠平温泉の入浴風景

十勝毎日新聞創立者の林豊洲。当初、十勝側が国立公園予定区域から除かれていたため、その編入に尽力した

札幌鉄道局が発行した、昭和9年版『大雪山国立公園』

な運動で、ニペソツ山から然別湖を含めた広大な山域が、昭和九年に大雪山国立公園として指定された。

同年、北海道庁では北海道山岳会を発展的に解散し、北海道景勝地協会を設立して『北海道景勝地概要』『大雪山と阿寒』などを発行。トムラウシ山避難小屋を建設し大衆登山の受け入れに意を注いだ。昭和十年三月に同協会主催で、十勝岳で冬山案内者の養成と実地指導講習会が催され、北大山岳部長の栃内吉彦、犬飼哲夫らが講師を務めた。

北大スキー部と山岳部の活躍

北海道の冬山登山を隆盛にしたのは、北海道帝国大学にスキー部が創設された明治四十五年以降である。札幌近郊の山々、蝦夷富士、十勝岳や芦別岳が登られ、旭岳に目が向けられたのは大正十年三月である。ユコマンベツの造材小屋を根拠地として五名で実施したが、天候不順で撤退。翌十一年一月九日に再挙し板倉勝宣、加納一郎ら五名が頂上付近をアイゼンを用いて登頂。同年三月三十日には層雲峡温泉より黒岳に、板倉、加納、板橋敬一がスキー登山に成功している。

大正十二年、北大で実用化したゾンメルシー（短スキー）によって、広範囲にわたって残雪期の山に登っていった。冬期石狩岳に挑んだのは十三年五月で、伊藤秀五郎ら一行五名は石狩沢を登ったが、吹雪のため頂上近くで断念せざるを得なかった。翌十四年三月に伊藤ら八名は黒岳石室に滞在し、ゾンメルシーで北鎮岳、旭岳、白雲岳などに登る。十五年五月には野中保次郎らが黒岳から忠別岳、ヌタップヤンペツ、石狩沢を経て十七日に石狩岳登頂に成功している。

大正九年、慶応義塾大学の大島亮吉によるクワウンナイ沢遡行に刺激され、北大でも夏

伊藤秀五郎（1905—1976）

加納一郎（1898—1977）

大正11年３月30日　層雲峡温泉より黒岳に冬期初登頂、左端が加納一郎
撮影・六鹿一彦（北大山岳館提供）

山に目が向けられ、十五年に山岳部が誕生した。長年課題だった石狩岳冬期登山は、石狩川上流のホロカイシカリ川付近とシピナイ川の合流点付近の二箇所に堅牢な仮小屋を建て、大函の通過可能な凍結期を狙い、昭和三年二月に伊藤秀五郎ら六人が、人夫二名を雇用して登頂を果たした。

十勝岳から大雪山への縦走が行われたのは大正十五年五月で、山口健児ら三人が人夫一人を雇用し、六日間の行程で吹上温泉から十勝岳、トムラウシ山、化雲岳を経て松山温泉に下った。翌、昭和二年七月に坂本正幸ら六名で夏期のハイマツやヤブ漕ぎを強いられながら吹上温泉を起点に十勝岳、トムラウシ山、黒岳から層雲峡へと十四日間でなされた。

その後、特筆すべき縦走に昭和五年八月に相川修ら四名でニセイチャロマップ川を辿り屏風岳、武利岳に登り、さらに石狩川を遡行し石狩岳からトムラウシ山、黒岳を経て層雲峡に下っている。この山行は十四日間の長い日数にもかかわらず、人夫を同行していなかった。

冬の旭川中学の大雪山縦走と北大の十勝岳から大雪山への縦走

旭川中学で計画された大雪山の冬の縦走は昭和六年三月に第一回が決行されたが、大吹雪で旭岳から引き返した。翌七年にも試みられたが同様に失敗し、成功したのは八年一月六日で小野光、正井滝士、佐藤精、高木の四名で、旭川を四日に出発し上志比内で一泊。五日はユコマンベツの空小屋に泊り、翌朝四時過ぎに出発。吹雪の中を前旭岳、中ノ岳、北鎮岳、黒岳を経て真夜中に層雲峡温泉に達し目的を果たした。

クワウンナイ川を初めて遡行したのは大正八年の小泉秀雄で、翌々年大島亮吉が同じコースを辿っている。忠別川の遡行が試みられたのは昭和四年七月で、北大の中野征紀らが断続する険悪な崖滝を遡行したが、水量が多く途中で断念せざるを得なかった。昭和十二年七月に朝比奈英三らで試みられたが融雪期の水量は多く同様に引き返した。同年九月の減水期に石橋恭一郎が単身で四日間（雨で一日停滞）の苦闘で成功した。

十勝岳から大雪山への冬の縦走は昭和十年から十七年にかけて、北大山岳部では二回、旭川山岳会では前後七回も企てられたが、悪天候に悩まされ成功しなかった。戦後、北大山岳部で日高山脈に残された冬期末登峰であった滑若岳やイドンナップ岳の登頂に成功し

昭和26年12月26日　白銀荘を出発し稜線へ向かう縦走班３人とサポート班
左前方は美瑛富士（北大山岳館提供）

銀杏原からの南沢、右に高く聳えているのがオプタテシケ山、その右に連なるのは十勝岳連峰（北大山岳館提供）

昭和27年１月３日　化雲岩での第５キャンプ、遠方は縦走してきたトムラウシ山
（北大山岳館提供）

たが、大学制度の変換期で旧制部員の熟達者は卒業するので、新制教養科の部員訓練を兼ねて約八〇キロの縦走路を五班のサポートを編成、チーフリーダー木崎甲子郎、縦走班・野田四郎ら三名、サポートを加え総員一九名で昭和二十六年十二月二十二日に行動開始、翌年一月八日に縦走班は層雲峡に到着。九日に全サポート班の撤収は完了した。この冬期縦走の成功をもって大雪山のパイオニア的な登山は終了したと云えよう。

台風被害と大衆登山への移行

日本一の広域を誇った山岳公園の美しい原始的な森林地帯も、昭和二十九年九月二十六日から吹き荒れた十五号台風によって、無残な姿と化した。この十五号台風は、青函連絡船洞爺丸を沈没させた未曽有のもので、エゾマツやトドマツの樹海をなぎ倒し、大被害をもたらしたのである。

風倒木処理のため、林道は山間部の奥地まで延び、今まで登山道とてなかった石狩川源流に車が入り、銀泉台や大雪高原温泉から高根ガ原までは至近距離となり、石狩岳や沼ノ原の奥地まで容易に登れるようになった。石北峠や三国トンネルに国道が開通し、登山にいっそう拍車がかかったのである。

時あたかも観光ブームの時代で、大雪山縦貫道路計画がもち上がり、オプタテシケ山に長大なトンネルをぶち抜く構想もあったが、自然保護団体や多くの人たちの反対運動が功を奏し、計画は中止となり、自然は守られた。

高度成長とともに登山は大衆化され、より垂直な登攀をめざして層雲峡の流星ノ滝や銀河ノ滝が登られ、今や氷瀑登攀のトレーニングの場となり、また層雲峡の天狗ノ挽臼や残

昭和29年９月26日台風15号が襲来、洞爺丸が沈没し多数の死者をだす大惨事となり、大雪山一帯にも風倒木の大被害をもたらした

昭和43年10月、全線が開通した旭岳ロープウェー高度経済成長とともに登山は大衆化していった

昭和42年６月に開業した層雲峡ロープウェー（写真提供・㈱りんゆう観光）

層雲峡　天狗の挽臼全景（写真提供・京極紘一）

大正13年８月に北海道山岳会が建
立した旭岳石室
（平成26年９月24日　撮影）

トムラ登山学校開校（平成４年１月12日　撮影）

月峰も登られ、大函・小函の柱状節理の奇岩はフリークライマによって開拓された。

平成四年に東大雪の新得町にトムラ登山学校が開校した。クライミング・タワーも設置され、健全な登山指導、自然保護思想の啓蒙などの教育事業を行ない、地方自治体としては、全国初のユニークな学校である。

時代は高齢化社会で、登山愛好者はさらに増すであろうが、遭難を回避し、美しい大雪山の自然をいつまでも後世に残すことが、国立公園指定八〇周年の意義であり、先覚者たちの苦労に応えるのではなかろうか。

〔主な参考文献〕

大平晟「ヌタプカシュペ山」『山岳』第8年第1号　一九一三年
小泉秀雄「大雪山登山記」『山岳』第11年第3号　一九一七年
板橋敬一「旭岳」『山とスキー』第13号　一九二二年
北海道山岳会「山岳会登山記・上川支部踏破の大雪山」『ヌプリ』創刊号　一九二四年
伊藤秀五郎「北海道スキー登山の発達」『北大山岳部々報』第1号　一九二八年
河野広道「大雪山の石器時代遺跡」『蝦夷往来』第5号　一九三一年

石橋恭一郎「忠別川遡行」『北大山岳部々報』第6号　一九三八年
犬飼哲夫「大雪山・山の歴史」『日本名山紀行』体育評論社　一九四四年
北大山岳部「冬の十勝岳・大雪山縦走」『山岳』第46・47号　一九五二年
速水潔「大雪山讃歌」『日本山岳風土記』第6巻　宝文社　一九六〇年
石田二三雄編「大雪山・層雲峡の探検と開発の記録」『大雪山のあゆみ』層雲峡観光協会　一九六五年
淡川舜平「大雪山・石狩川源流探検史と登山」『山書研究』第18号　日本山書の会　一九七二年
大雪山国立公園指定50周年記念事業推進協議会編集発行『写真集　北海道大雪山』　一九八四年
笹川良江編『「大雪山国立公園」の生みの親　太田龍太郎の生涯』二〇〇四年

館　潔彦の測量功績を讃えて

平成十二年（二〇〇〇）九月十日は北海道の最高峰大雪山旭岳が、陸軍参謀本部陸地測量部の測量官館潔彦によって一等三角点が撰点されてから、ちょうど百年に当たる記念すべき年であった。北海道には一等三角点の総数が二二四あるが、館はその撰点作業を最初に手掛けた先駆者であり、明治二十九年の古部岳から三十四年九月の美唄山まで、六年間にわたって三分の一以上の七十三箇所も撰点した偉大な測量官である。

まず、旭岳「点の記」を略記しておこう。

一等三角点ノ記　　番号　也第十三号

点ノ名称「瓊多窟」本点　　石根及石北三角鎖網

撰点　明治三十三年九月十日

撰点者　陸地測量師　館　潔彦

館　潔彦（1849—1927）

観測シ得ル方向　本点・天塩岳、無類山、烏邊珊岳、神女徳岳、入霧月峰、和寒山
補点・音更山、富良牛山、安足山、那英山、邊別臺
覘標構造　明治三十四年九月二十九日
構造者　陸地測量手　川又藤四郎
標石埋定　明治三十四年十月二日
埋石者　陸地測量手　川又藤四郎
観測　明治三十八年七月二十三日ヨリ九月三日ニ至ル
観測者　陸地測量師　中島　摧
点ニ至ル順路　旭川ヨリ東川村東四号南一番地迄約五里
夫レヨリ平坦地ヲ一里半進行スレバ忠別川ニ出ツ遡ルコト三里ニシテ左方ニ（測点道ト記シ置タリ）伐採シタル通路ヲ登ルコト二里ニシテ小川ニ出ツ之ヨリ急傾険悪路ヲ登ルコト約五里ニシテ本点ニ達ス
傭人召集ノ手段　其給料　旭川及東川村ニテ便ス　日給七拾銭、観測ノ際ハ六十五銭
作業間棲宿ノ方法　天幕
測量ニ不可ナル季節　其原因　九月下旬ヨリ六月中旬マデ積雪

案内人　東川村　長嶋仁三郎、東川村ニテ中嶋榮治郎、岩尾嶋太郎、竹田文太郎等
高程　二、一〇〇米突
噴火気　當山ハ活火山ニシテ測点ノ西方三四百米ノ下ニ小ナルモ十数個ノ噴火口アリテ
　亜硫酸瓦斯出セリ西風ノ際ハ此硫気山頂ニ襲来シテ観測ヲ妨クルコトアリ
瓦斯　當山ノ四周ハ瓦斯ハ游漫ヲ以テ有名ナル處ナリ晴天ノ日ニ在リテハ毎朝一、五〇
　〇米以上ノ山頂ハ現出スレトモ夫レ以下ノ地ハ一面濛々タル霧海トシ午後低地ノ霽ル
　コト同時ニ高山ニ押シ寄セ来ルヲ以テ高低差ヲ有スル両点間ノ観測ヲナスコト頗ル困
　難ナリ

観測に当たっても困難がつきまとう。『武侠世界』大正十一年七月号は「山岳踏破号」で、誇らしい日本アルプス登攀記や幾多の遭難記が載っている。陸地測量師中島擢が旭岳測量に携わり、その時に遭遇した「石狩岳遭難記」があるので触れておく。

山に登るには登山準備が必要だ。この準備を欠くと、時として生死の巷に彷徨せねばならぬ事がある。北海道第一の高峰と呼ばれる原名「ヌタックヌプリ」通称石狩岳に測量に赴いた時のことである。約四里程ある隣の山の測量を部下に命じ、一週間の

測量の準備をして行くよう教えたが、目前の山なので訳ありませんと三日分の食糧を携えて三人で出掛けた。順調に作業を続けているのを望遠鏡で確認できたが、その後襲った濃霧で一週間とじこめられ、霧が晴れて望遠鏡で隣の山頂を見たが、そこには何も見だせなかった。付近の山や谷間をくまなく見回したところ、約二里ばかり下った谷間に遭難の信号旗が樹てられ、スワ一大事と熊笹や偃松をこいでやっとの思いで達すると、彼等は飢餓と疲労と失望のため眼光悄悽し、口も良くはきけず、身を横たえたままであった。彼等が言うには、その日の午後突然襲った濃霧で、全く方角が分からなくなり、うろたえている時、同行のアイヌが歩くとかえって方向を誤まり危険なので、霧の晴れるまでここで露営するのがよいと忠告されたが、何となく恐ろしくなり、その言葉も聞かずに、熊笹や偃松の茂みを下り、かえって方角を見失い迷い込んでしまった。三日分の食料が尽きると、アイヌは川辺に下り、岩魚を取り、飢えを凌ぐことができた。

その時のアイヌの平静な行動を讃えている。

明治二十年代、日本の近代登山の幕開け前に、館は測量官として人跡未踏に等しい山岳地帯に、過酷な困難を克服しながら、三角測量の撰点作業に取り組んでいた。明治二十六年、四十五歳にして御岳、前穂高岳、翌年は立山、乗鞍岳など三千㍍級の高山に登り、測点を定めた。

前穂高岳では身の危険を冒して頂上に登り、撰点を終えて下山の際に滑落し大怪我を負っている。このことはイギリスの宣教師ウオルター・ウエストンの名著『日本アルプス登山と探検』に著されているので引いておこう。

　二週間前に、彼（嘉門次）ともう一人の猟師が政府の役人（陸軍省の調査官）といっしょに行ったが、この調査官は、この時最高点への最初の登山に成功した。山頂近くの悪場で彼は滑って、岩から岩へ激しくぶつかりながら、十八㍍ほどほうり出されるように転がり落ちたが、死なないのは奇跡的なことだった。……木曜日（八月二十四日）の朝、私と私の雇った二人の猟師は、徳本峠を越え、目ざす山の麓に通じている路をたどっていた。橋場から谷をのぼる途中、風呂平にある変わった小さな浴場を通りかかった時のこと、怪我をした例の調査官が災難の後で休養しているのに出会った。彼の話から察すると、私の登山もたぶん面白いものになりそうな気がした。……一時三十分になる前に最高の岩峰に着いた。岩の割れ目に追いやられ、見ると小さな標柱があった。これこそ数週間前に、陸軍省の調査官が登山した印だった。私が岩の下をのぞくと、嘉門次が調査官の墜落した方向を教えてくれ、その岩場をのぞいて見たが、それはとても人の命が助かるとは思えないものだった。

（平凡社ライブラリー　岡本精一訳　W・ウエストン『日本アルプス　登山と探検』より）

しかし、館は滑落したにもかかわらず不死身であった。カメラを携行するなど考えられない頃で、館が登山の模様を描いたスケッチが残されている。撰点を終え明神岳を下っている場面で、それには「八月一日、導者上條嘉門次ヲ随ヘ雨中明神岳ヲ下ル」と書き添えられている。

館は引き続き八月十四日に富山県の金剛堂山（一六三八メートル）、三十日に富山県と石川県の県境の医王山（九三九メートル）を撰点しているので、ウエストンが浴場で出会った八月二十四日は、怪我ではなく測量の合間の休養なのであった。

北海道の測量事業は開拓使のお雇外国人ワスソンを測量長に明治六年に開始されたが九年で中断。札幌、函館、根室の三県時代を経て、明治十九年に北海道庁として三県は統合され測量は再開。二十万分の一「北海道実測切図」が発行された。

明治十七年七月に測量事業は陸軍参謀本部陸地測量部に統合移管され、二十九年三月に

「北海道仮製五万分の一製図規定」を発布し、逐次「仮製版五万図」を発行していった。一方、館は東北地方の姫神岳や早池峯の撰点を終え、続いて北海道に渡り、最初に道南の古部岳から千軒岳、八幡岳など次々と撰点のため登っていった。

三角点を撰点するには、隣接する三角点すべてが見通しのきく地点でなくてはならず、どうしても高い山を選ぶことになり、撰点測量官は相当な苦労を強いられた。山から山へ嶮崖を攀じ、渓谷を下り、あらゆる困難を乗り越えて頂上に立ち、三角点の設置場所を決めなければならない。点が決まれば観測官が測夫を連れて行って高い櫓を建てる。これが高山地帯だと材木や標石、セメントはもちろん食糧なども麓から運ばなければならない。川に橋はなく、山には道もなく、運搬だけでも容易ではない。建てた櫓は通常一年間放置し、組み立てた構造の狂いを落ちつかせてから、いよいよ測量機器を担ぎ上げて本格的な測量を開始するのである。

一等三角点の平均距離は四五キロメートル、その中間地点約二五キロメートルに一等三角点補点がある。因みに二等三角点の平均距離は八キロメートル、四キロメートルに三等、一・五キロメートルに四等が設置されている。一等三角点の撰点が終わった地点から順次、点と点を結んだ「一等三角鎖図」を作成。北海道では一等三角測量が完成に近づいた明治四十一年から二等三角測量に着手。三・四

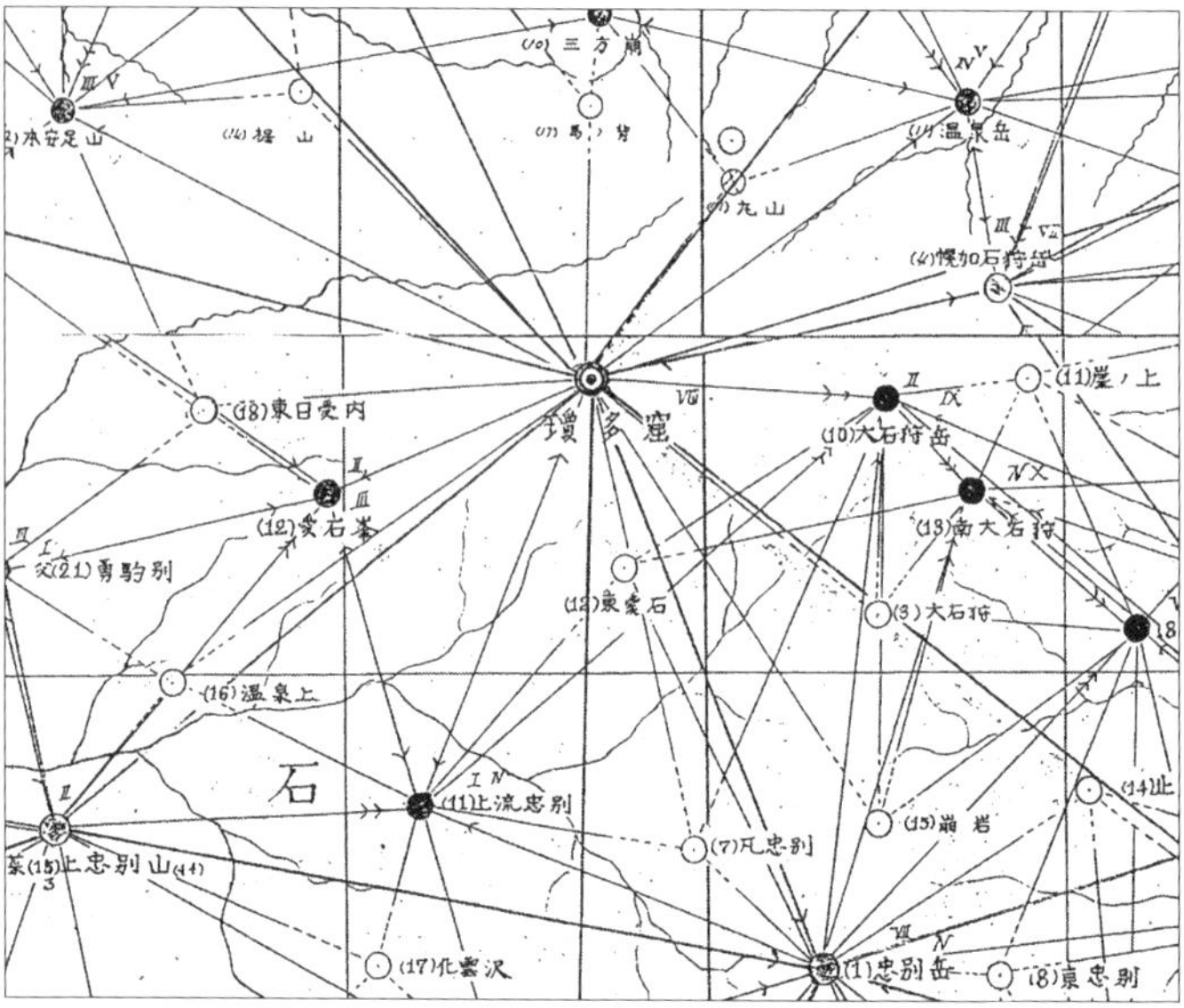

大正５年度「二・三・四等三角点網図」（陸軍参謀本部陸地測量部）
中央に一等三角点の瓊多窟（旭岳）がみえる

等は明治四十四年から実施された。

通例、観測官が二名、測夫が五、六名。一点での観測は天候にもよるがだいたい半月はかかり、その間は天幕生活を余儀なくされる。一枚の地形図に幾つもの三角点があるが、それらの一つひとつはこうした献身的な努力の結晶であり、山頂に埋められている三角点標石そのものが艱難の歴史を物語っている。

三角点が出来ると、それを基盤に初めて地形図を描く測量に取りかかり、その作業は地形図に含まれている全地域を、現地で忠実に地形・地貌を描き現すのである。この仕事も深山幽谷に入ると、天幕生活をしながら幾日も山奥を駆けめぐり、雨にたたかれ、毒虫に襲われ、人知れぬ苦痛に耐えながら、一枚の地形図を描き上げていくには、一ヶ月から一シーズンを要するのである。

特筆すべきは、夏季は密生するハイマツやクマザサで登ることが困難な天塩岳や海別岳に、三月の積雪期に雪を利用して登っていることである。これは日本アルプスでの経験をいかした効率的な登山法でもあろう。北海道の登山は、本州よりも遅れ、明治末期から西欧アルピニズムに感化され芽生えていった。その時の山案内人は、もっぱら測量登山の案内や荷揚げで活躍した人たちが雇用され、登頂に導いていった。

科学技術が進歩した昨今では、人工衛星から届く電波で位置を測定するＧＰＳ（グローバル・ポジショニング・システム＝全地球測位システム）によって、簡単に精密な測量がされ、現在地も分かるようになってきた。これも先人の偉業があったからこそ成し得るもので、ＧＰＳがあるから出来るというものではない。むしろ、この機会に重要な役割を果している三角点を、より正しく認識すべきである。

館は嘉永二年（一八四九）四月十五日に伊勢国桑名城下で父淳夫、母乙女の長男として生まれ、文久四年十五歳で元服、同藩の鵜飼兵左衛門の配下にあったが、明治維新廃藩後に笈を負って東京に出て、岸俊雄の門に入って英語、数学を学んだ。

明治新政府はわが国土の陸地測量事業の必要から、明治二年に工部省内に新たに工学寮測量局を設置。館は明治五年十月工部省測量四等少手として任官。翌十一月に同じ桑名藩柳本通徳の長女力（安政元年生まれ、後に十手と改名）と結婚。八丁堀で間借りし、後に京橋区妥女町の官舎に新居を構えた。

明治七年一月に工部省から組織ごと内務省測量司に移され、測量二等少手となる。同年八月、機構改革で内務省地理寮量地課となり、地理三等中技手となる。明治十年八月に課の名称は地理局測量課と改められる。明治十七年七月に三角測量業務が陸軍参謀本部に引き継がれ、陸軍十一等出仕として同部に移り、その年の十一月に千葉県の房ノ大山を撰点、翌十八年十月に静岡県・白倉山の埋石、十九年から二十二年にかけて三角点埋石作業を、徳島県の剣山など十三箇所を担当している。

明治二十年十二月に陸軍六等技師、奏任官六等に任ぜられ、翌年五月、勅令で陸地測量部は参謀総長の隷下におかれ、国防地図の必要から完成期日の短縮が諮られる。二十二年四月、陸地測量師に昇進。二十四年に正八位、二十六年に七等八級に任ぜられ、従七位を授与される。明治二十七年の日清戦争が勃発してからは、軍務として測量作業は強化され、厳寒の十二月末まで撰点作業は続けられ、地図の完成を急いだ。三十一年に高等官六等に昇格。

明治三十二年五月十四日から六月六日まで、軍艦武蔵に乗船して北千島の占守島まで予備調査を行い、「千島紀行」の日誌を残している。北海道での過酷な一等三角点撰点作業は明治三十四年九月の美唄山を最後に退き、勲五等瑞宝章を授与され従六位に列せられた。三十六年一月、文官分限令により休職、三十八年十一月、五十七歳で満期となり退官。四十一年に妻に先立たれ、郷里の桑名に戻り、昭和二年（一九二七）六月四日、七十九歳で没した。その墓は桑名の照源寺にあり、法名は翠松院剛誉潔彦居士である。

陸軍参謀本部陸地測量部　館　潔彦が撰点した北海道の一等三角点一覧

三角点名（※補点）	山名	撰点（年月日）	五万図	標高（メートル）
古部岳	丸山	二九・七・四	尾札部	六九一
千軒岳	大千軒岳	二九・七・一八	大千軒岳	一〇七二
八幡岳	八幡岳	二九・七・二三	江差	六六四
砂原岳	砂原岳	二九・八・一〇	駒ヶ岳	一一一二
見市岳	遊楽部岳	二九・八・二〇	遊楽部岳	一二七六
狩場岳	狩場山	二九・九・一六	狩場山	一五二〇
雷電岳	雷電山	二九・一〇・一八	島古丹	一二一二
幌月山※	母衣月山	二九・一〇・二三	寿都	五〇三
写万部山	写万部山	二九・一〇・二九	長万部	四九九
室蘭山※	測量山	二九・一一・九	室蘭	二〇〇
樽前岳	樽前山	二九・一一・一六	樽前山	一〇二三
馬追山	馬追山	二九・一一・一八	夕張	二七三
手稲山	手稲山	三〇・七・九	銭函	一〇二四
蚕発山※	於古発山	三〇・七・一五	仁木	七三五
真狩岳	羊蹄山	三〇・七・三一	留寿都	一八九三

姨失山	姨失山	三〇・九・三	早来	二五二
入霧月峰	音江山	三〇・一〇・二〇	赤平	七九六
札幌北端		三一・五・一六	札幌	八
札幌南端		三一・五・一六	札幌	一五
生振		三一・五・三〇	石狩	一四
厚別		三一・六・八	札幌	二〇
月寒		三一・六・一三	石山	二四〇
琴似山	三角山	三一・六・一九	札幌	三一一
比裸騾山	ペラリ山	三一・八・一九	農屋	七一九
阿蘇岩山	阿蘇岩山	三一・一〇・三	当別	四一八
暑寒岳	暑寒別岳	三一・一〇・一五	国領	一四九一
翁居岳	ポロシリ山	三一・一〇・二五	恵比島	七三一
愛刀稱山※		三一・一〇・三一	留萌	二五一
苫前岬		三一・一一・四	苫前	六〇
篦射峰		三一・一一・一五	稚内	二一一
声問東端		三二・六・三〇	稚内	七
声問西端		三二・六・三〇	宗谷岬	八
宗谷山		三二・七・八	宗谷	一七二
気無山		三二・七・一三	宗谷	二〇一
幾梅仮里		三二・七・一八	宗谷岬	四一
千富尻		三二・七・三一	沼川	一四七

三角点名（※補点）	山名	撰点（年月日）	五万図	標高（メートル）
幌尻山	幌尻山	三二・八・二九	上猿払	四二七
珠文岳	珠文岳	三二・九・九	浜頓別	七六一
高山※		三二・九・二九	礼文島北部	一六七
礼文岳	礼文岳	三二・九・三〇	礼文島北部	四九〇
尺忍※	桃岩	三二・一〇・一	礼文島南部	二五〇
鴛泊※		三二・一〇・九	利尻島	九三
利尻山	長官山	三二・一〇・一〇	利尻島	一二一八
鹿路山		三二・一〇・一六	抜海	九六
保呂志里	民安山	三二・一一・四	雄信内	一八一
風烈山※		三二・一一・一三	初山別	四一〇
比後岳	ピッシリ山	三二・一一・二〇	蕗之台	一〇三二
天塩岳	天塩岳	三三・三・二九	上川	一五五八
冬路山※		三三・五・七	鷹泊	六二五
和寒山	和寒山	三三・五・一六	比布	七四一
飛鏃岳	ピヤシリ山	三三・五・三〇	サンル	一〇三二
函岳	函岳	三三・六・三	恩根内	一一二九
下澤岳	パンケ山	三三・六・七	敏音知	六三二
歌登山※	歌登山	三三・七・八	乙忠部	五七三
落船山	落船山	三三・七・一九	仁宇布	五二五
澤木台※		三三・七・二一	沢木	五〇

紋別山※		三三・七・二三	紋別	三三四
欝岳	欝岳	三三・八・二	滝上	八一八
文山		三三・八・一五	丸瀬布北部	四三七
瓊多窟	旭岳	三三・九・一〇	旭岳	二二九〇
東端		三三・一〇・一一	薫別	一七
西端		三三・一〇・一一	薫別	六四
無位山		三三・一〇・一七	薫別	一七〇
雄鵜内		三三・一〇・二三	八木浜	二七
胡多額		三三・一〇・二五	薫別	二八
砦山		三三・一〇・二七	標津	二〇
海別岳	海別岳	三四・三・二八	峰浜	一四一九
弁勲嶺		三四・五・二三	武佐岳	八三六
蒼瑁		三四・六・九	小清水	二三
附子山	常呂山	三四・六・一五	女満別	四八〇
藻琴山	藻琴山	三四・八・二〇	藻琴山	一〇〇〇
砂馬毛岳	サマッケヌプリ山	三四・九・二〇	斜里岳	一〇六三
美唄山	美唄山	三四・九・二八	上芦別	九八七

〔主な引用参考文献〕

館　潔彦自筆原稿『三拾三年乃夢・日本測量野史稿』

館　潔彦「洋式日本測量野史」『三交会誌』第20〜22号　陸地測量部　一九一五年
高倉新一郎「明治以後の北海道測量史」『北方文化研究』第18輯　北海道大学　一九六三年
高木菊三郎『日本に於ける地図測量の発達に関する研究』　風間書房　一九六六年
坂戸勝巳「館潔彦について―前穂高岳に初登頂した一測量官―」『山書研究』第九号　日本山書の会　一九六七年
師橋辰夫「三拾三年乃夢　日本測量野史稿―東京実測全図余聞―」『地図』第九巻一号　国際地理協会　一九七一年
高澤光雄「陸地測量部の三角測量　上・下」『北の山脈』第17・18号　北海道撮影社　一九七五年
多摩雪雄編『一等三角点のすべて』　新ハイキング社　一九八六年
佐藤　洸「我が国の地図作りに貢献した人々（3）　館潔彦の歩いた道」『地図ニュース』第一〇二号　（財）日本地図センター　一九八七年
佐藤　洸「もう一つの登山史―地図作りの登山」『山岳』第89年　日本山岳会　一九九四年
池田泰彦「北海道地形測量と二つの地形図」『北海道の文化』第71　北海道文化財保護協会　一九九九年
国土地理院「点の記」
資料の提供とご教示くださった水野勉、山岡光治、池田泰彦、桜井勝治の各氏に深く感謝する次第である。

旭岳測量百年記念行事について

『山書月報』第四四六号（二〇〇〇年三月）に「館潔彦の測量功績を讃えて」を発表したが、その反響は意外と大きかった。毎年開催している北海道新聞社旭川支社、旭川山岳会などが主催する「大雪山山開き縦走登山会」は、平成十二年は七月一日～二日に行われ、参加者三〇〇余人に配付された名簿に「旭岳三角点設置100年」と副題が付され、『山書月報』の館潔彦が旭岳を測量した部分を抜粋して掲載された。

また国土地理院などが主催し、九月九日から十日を中心に「旭岳測量100年記念inひがしかわ」が実施された。

パネル展	旭岳ビジターセンター	9～17日
パネル展	東川公民館	9日
記念講演会	東川公民館	9日
測量体験会	旭岳ビジターセンター周辺	9日

記念登山会　山頂で記念碑除幕式　10日

パネル展の館潔彦コーナーには、水野勉代表幹事が所蔵する自筆原稿「三拾三年乃夢・日本測量野史稿」、鳥瞰図コーナーには金沢山岳文庫蔵「道岡敏画・大雪山案内」を出展していただき、地理院からは測図に関する諸資料、登山に関するものは拙蔵で補った。

東川町で行われた記念講演会では、山田孝夫東川町長、星埜由尚国土地理院参事官の挨拶、速水潔旭川山岳会長の「大雪山の山名の変遷」で口火が切られた。速水氏は大雪山の生き字引で著書も多い。天明五年（一七八五）、林子平著『三国通覧図説』に描かれた山から現今までの山名の変遷について延べられた。最後に大雪山周辺の上川町、愛別町、比布町、当麻町には、それぞれ町名の付いた山があるが、主峰旭岳を擁する東川町だけは無い。皆でその名に相応しい東川岳を探そうではないか—と締め括って拍手を浴びた。

二番手は私で「旭岳測量前後と館潔彦にふれて」である。演壇パネルに高橋不二雄が地図作成に拘った明治十年の大きな陸軍参謀局「大日本全図」。その高橋が北海道の地図作成に意欲を燃やし、明治十七年十月、この地方の測量経験のある福士成豊を同行してヲフタケシケ山（旭岳）に登り、明治二十年に内務省地理局から発行した『改正北海道全図』。明治二十六年の陸地測量部「神居古潭」二十万図などを掲示し、比較しながら説明した。

館潔彦が旭岳頂上に一等三角点撰点のために登ったことは「点の記」で歴然としているが、高橋の記録簿『札幌県巡回日誌』を読んでも判然としない。現在の安足間川から深雪を踏んで四時間で旭岳に登れるだろうか、どちらが初登頂なのか疑問を投げかけながら高橋の登頂記録を説明した。この『札幌県巡回日誌』は『新旭川市史』第六巻（平成五年三月）に収録されている。登頂の模様は次の通りである。

十月廿六日　雪　寒暖二十三度　水温三十四度
午前四時三十分幕外ヲ見レハ、風雪止ミタリ、然レトモ満天曇ルト雖モ米糧ニ乏シキカ故ニ、本山ノ絶頂ニ達セントシ、午前第八時○五分深雪二尺余ヲ踏ンテ野営ヲ発シ、殆ント巽ニ進ミタリ、直ニ左傍ヨリ大渓流アルヲ認メタリ、二町進メハ又渓流アリテ、落口数十丈ノ滝ヲナセリ、巾二十尺余、長百八十尺余、形状タルヤ八九尺毎ニ数段ヲナシタリ、而シテ瀑布左右ハ飛泉凝結シテ数千本ノ氷柱岩石ノ下ニ垂レ並列シテ恰モ白乳石ノ如ク、景色美ナリ、直ニ見取ヲ画ク、同所ヨリ本川ヲ坤ノ方ニ泝ルコト一町余ニシテ、地勢ヲ見ルニ、左腹ヨリ登レハ其順当ナルヲ得タレハ、本川ヲ右ニ舎テ更ニ山腹ヲ攀チタリ、樹根或ハ木枝ヲ探リ得テ、馬ノ背ノ如キ高度ヲ登リタリ、三十町余進ンテ、第一ノ峰頭ニ達ス、時ニ十一時〇五分ナリ、同山ノ形状ヲ概陳スレハ、麓ヨリ中腹迄ハ樺五葉松ノ類皆ナ縮シテ生ヒタリ、夫ヨリ頂上迄草木ナキ如シ、雪三尺余ニシテ草ノ如キハ弁セス、第一ノ峰頭ヲ基山トナシ、著名ノ山巓ニ方位ヲ繋キ、或ハ見取画ヲナシ、或ハ本山ノ形状ヲ遂一探究セント欲シタレトモ、遺憾ナル哉登山ノ中途ヨリ雪降リ、又止ミ、陰晴定マラスシテ、其術ヲ施ス寸暇ナシ、唯タ分時カ間太陽朦々トシテ顕ハレタレハ、漸ク天度ヲ測ルコトヲ得タルノミニテ下山ニ就キタリ、時ニ四顧スレハ、最高ノ巓キ目前ニ東方顕ハレタレハ、又之レヲ攀チタリ時ニ十二時五分ナリ、此ノ時ハ「ニシヤチウ」「イゾテニカ」ノ両人ヲ従ヘタリ、残リシ人夫ヲ先キニ帰営セシム、雪益々深ケレトモ、膝ヲ過キス只危険ナルハ、高度ノ処ニシテ極寒ノ為ニ雪上結氷シテ歩々退ク如ク発汗行々シテ攀チタリ、十町余進ンテ高巓ニ達シタリ、時ニ十二時三十分ナリ、福士氏高度ヲ測レハ、七千二百尺ヲ得タリ、寒度五六度ニシテイム能ハス直ニ下リタリ、下山ノ中途ニ、瓦斯或ハ雪ノ晴レ間ヲ以テ左傍ヲ望メハ、眼下数千丈ノ下ニ渓流アリヘシ追々山脈ノ勢ヲ探クレハ第一峰頭ナル南西ノ麓ニ発シタリ、始テ左腹ヲ進行スル馬ノ背ノ西麓ニ順ツテ周流シ、本川ヲ右ニ舎テタル該川ニ連絡スヘシ、中途西方ヲ望メハ「トンラウシ山ノ中腹ニアル湖水ヲ認メタリ、坊主山ニテ見認メシ沼ナルヘシ、帰路ハ雪上ヲ奔走シテ下リタレハ愉快ヲ覚ヘリ速ニ帰営ス、時ニ午後二

時ナリ、

いずれこのコースを辿って検証してみませんか―と提案して話を終えた。

最後のメイン講演は、国土地理院測地部測地第一課・豊田友夫調査係長の「陸地測量部館潔彦」で、豊富な資料を駆使して館の測量業績を追跡された。

館によって明治二十九年から三十四年にわたって行われた北海道の撰点作業は、各年度毎の「三角鎖」縮図で報告されている。それを例に一等三角点撰点記録として、二十九年に「函館山」、三十一年「幌後岳（日高山脈幌尻岳）」があるのだが、何故か「点の記」は残されていなく、幻の一等三角点となってしまった。また苅場山が狩場山、鮲山が写万部山と後になって変わっている。「美唄山」は三十年に撰点されたが、別の係官が「点の記」に転記する際に誤って三十四年としてしまった。

また、新田次郎の小説「八甲田山死の彷徨」を引き合いに、厳冬の八甲田山での行軍訓練で第八師団に属する第五連隊は二一〇人中、生存者が二〇人余りで壊滅状態であった。それに比べ第三十一聯隊は福島泰蔵大尉に指揮され全員帰還した。福島は陸地測量部地形科に所属していたこともあり、この行軍では測量により冬山登山の意識を高めており実践されたようであるとした。

館は北海道の山はまだ真冬の様相を呈している明治三十三年三月の「天塩岳」、翌年三月の「海別岳」と相次いで撰点で登っている。測量隊は陸軍参謀本部に所属するため、上官からの命令であったろう。しかし館は命令を受入れる人物ではなかったようで、恐らくこの時期の撰点作業に反対したため、四年後に休職を余儀なくされ、その二年後に退官したと考えられる―と豊田氏は推論された。この講演で館の北海道での疑問の数々が解明され、多くの出席者は感動しながら聞き入っていた。

質疑応答の後、地理院・須藤清澄北海道地方測量部長の閉会の挨拶で幕を閉じた。

翌十日、館が五十一歳で登ってから百年目の日である。旭川山岳会主管で深い霧雨の中を七十余人が参加して登り、旭岳頂上に正午過ぎに到着。「基本国地院」の大測旗がはためくなか記念碑の除幕式が行われた。式には頂上に居合わせた大勢の登山者も加わり、拍手の中、代表として老弱男女八人が選ばれて除幕され、一世紀の測量に思いを馳せた。

館が撰点した三角点の傍らに、地表すれすれに埋石された「記念碑」があり、その説明文には、一等三角点「瓊多屈（ぬたっく）」
選点100年記念
この三角点は1900年（明治33年）9月10日に選点されてから100年を迎えました。
三角点は地図作成を始め、様々な測量の基準として使用されるほか、地震や火山の調査等に必要な地殻変動を知る上で、極めて重要な役割を果たします。
三角点の位置　北緯　43度39分40・1秒
東経142度51分28・8秒
標高　2290・3m
2000年（平成12年）9月10日
国土地理院

この大理石の説明碑は八二キロもあり、地理院北海道地方測量部・相田清次長、大橋正幸、

霧雨の中の旭岳測量百年記念頂上除幕式。前面の白いのは「基本国地院」の大測旗
右端著者（写真提供・朝日　守）

内山努の三氏の尽力によって埋設された。

パネル展および講演会は亀井福次課長、齋藤晃の両氏、また協力くださった関係者と参加された多くの方々に感謝申し上げたい。

ビキナーのためのプランニングガイド

ニペソツ山　2013メートル

東大雪山系の最高峰ニペソツ山は、切り立った頂上の岩壁が天に向かって槍のように鋭く突き上げ、その姿を眺めるだけでも圧倒される。高山植物が豊富な山で、岩礫帯では、ナキウサギやシマリスが見られるのも人気の理由だ。

昭和五年（一九三〇）秋に幌加川から頂上まで林道が付けられた。昭和二十九年九月二十六日に襲った台風十五号で樹林は壊滅状態になぎ倒され、その風倒木処理でユウンナイ沢、十六ノ沢、音更川に林道が敷設され、大衆化された山になった。

現在の二万五千分の一地形図に記されているユウンナイ川の幌加温泉コースは、距離が長く利用する人は少なく、林道が荒れ、ササやハイマツで道が覆われているところもある。音更川上流の岩間温泉（露天温泉）からのコースは廃道となっている。そこで、十六ノ沢の杉沢出合いから往復するコースを紹介する。

登山口へはマイカーで行くか、上士幌からタクシー、または十勝三股までバスで行って、そこから約八キロの道を歩くことになる。国道二七三号の三股橋手前から西に入る林道に入林記載ポストがあるので記入する。石狩岳方面に行く道と分かれ、十六ノ沢林道を進むと終点が登山口。そこがキャンプ場で簡易トイレが設置され、十台ほど駐車できるが、車が多い時は手前の広場を利用する。

●十六ノ沢登山口―小天狗―前天狗―ニペソツ山（往路を戻る）

全行程約十五キロ（徒歩約一〇時間四〇分）

登山口に流れている沢を渡る。渇水期は飛び石伝いでも行けるが、増水している時は丸太の橋を滑らぬよう注意して渡る。鬱蒼とした針葉樹林の急な登りで、道は所々ササが覆い、雨露で濡れる場合がある。樹林に所々標識が付けられ迷うことはない。標高一二五〇メートル地点で振り返ると、ピリベツ岳と西クマネシリ岳があたかもオッパイのように並んで見える。標高一四八四メートルでは視界が広がり、残雪を抱いた大雪連峰のトムラウシ山から遠く旭岳、北鎮岳、間近に石狩岳、音更山、武佐岳などが連なり、さらに遠く霞んで知床や阿寒の山々が見渡せる。

小天狗の下の岩場を、張ってあるザイルを伝ってトラバース、天狗のコル（残雪期には

天狗のコルから前天狗（平成13年8月6日　撮影）

水が得られキャンプ地となる）に下る。ダケカンバやミヤマハンノキが繁り、日差しをさえぎる木陰の登りは気持ちがよい。ハイマツと岩礫の斜面に出ると展望はいちだんと開ける。十勝連峰、そして遠く日高山脈、間近にウペペサンケ山の広がりを眺めながら前天狗に到着。そこではニペソツ山の迫力ある岩峰が現れ、絶好の休息の場所だ。

八月上旬、このあたりで目立って咲いていたのは、ウサギギク、イワブクロ、エゾツツジ、イワギキョウ、タカネシオガマ、トカチフウロなどである。ナキウサギの鳴き声に誘われながら岩礫帯を下るが、ガスの濃い日は岩に塗られたペンキの目印を見失いがちなので注意する。

天狗岳からニペソツ山頂上へ続く稜線（通称ニペのコル）
（昭和36年7月9日　撮影）

前天狗から少し下って天狗平、ここから天狗岳の山腹を横切り、両側が深く切れ落ちた稜線（通称ニペのコル）を伝う。東側の断崖には残雪が張り付き、一面に高山植物が群がっている。コルからは急な登りとなり、鋭い頂上の岩壁が覆い被さるようである。北斜面をトラバースし、緩くなった斜面をあえぎながら登ると、二等三角点のあるニペソツ山頂上に達する。

下山では、登って来た激しい起伏の天狗岳、前天狗の複雑な地形が手に取るように見下ろせ感慨深い。最後の小天狗を下るときは膝がガクガク、喉もカラカラに渇くので水を十分持参されたい。

この山を堪能するには朝早く出発するか、装備を持ち上げる体力があれば、残雪期に天狗のコルでキャンプをして登りたいものだ。

大雪山旭岳頂上より黒岳方面を望む
（『北海アルプス　大雪山旭岳勝景』松山温泉場発行）

深田久弥が辿った道　トムラウシ山へは

屈足から森林鉄道↓十勝川二股↓ユウトムラウシ川野天温泉↓カムイサンケナイ川↓トムラウシ

現在、トムラウシ山はトムラウシ温泉の東大雪荘を基点とし、標高九六五メートルの駐車場のある登山口からスタートすれば、日帰りも充分可能である。確かに便利になったものだが、その半面、周辺の環境汚染をはじめとしたオーバーユース問題も深刻になりつつある。

深田が百名山取材でトムラウシ山に立ったのは三度目に北海道を訪れた時、昭和三十六年八月のことである。その時は幌尻岳に五日間かけて登り、その足で帯広から列車で乗り継いでトムラウシ山に向かい、頂上に立ったのは八月十二日であった。

その紀行は翌年、丸善の『學鐙』第五十九巻第七号（昭和三十九年七月）に「トムラウシ登山」として発表した。

そこは文字通り北海道の真ん中であった。狭い谷の底で、どちらを見上げても、原生林にビッシリ覆われた山が立っていた。十勝川上流、ユウトムラウシ川べりに湧いている野天温泉である……

今では想像だにできない。まさに当時は秘境の真っ只中であった。深田が登った前年、昭和三十五年七月に朋文堂から発行された札幌山岳クラブ著のガイドブック『北海道の山々』には以下のような記述がある。

> 新得駅から屈足まで軽便鉄道がある。ここから森林軌道で二股までゆく。もともとこの軌道は木材搬出を目的とした営林署のものであるから、利用する場合は地元営林署に頼まなければならない。二股までの時間は約二時間半を要する。ここからシー十勝川をわたって、さらにシー十勝川の鉄橋をこえたところから、左岸の径を二股の対岸まで降る。そこからトムラウシ川右岸の尾根にある径を登って、ユウトムラウシ川を降る。この地帯は深い谷になっていて、自然湧出の温泉がある。二股から五時間をみる必要があろう。距離（地図上）のわりに、時間がかかるのはおどろく人が多いが、この地帯は五万分の一地図作成における誤差のシワ寄せとなったところといわれている。温泉には昇華硫黄の岩場があり、一名「岩塔温泉」ともいう。新得からちょうど一日の行程にある。岩塔の奥の対岸に径がつづいて、深い森林の尾根をつたう。ダケカンバのある地帯からカムイサンケナイ川上流に降り、川を一キロくらい辿り対岸の尾

根にとっつくと、トムラウシ山の南肩、ここで白金温泉からのコースにぶつかる。径はかなりブッシュにおおわれているので、注意しなければならない。温泉から約七時間をみる必要があろう。

深田のトムラウシ登山には、北海道新聞社函館支社の浅利欣吉記者が同行した。彼の追悼記（『北海道山岳』「日本百名山と北海道の山旅―深田さんとの山行から―」平成十一年七月発行　日本山岳会北海道支部）によると、

　初日は屈足にある新得営林署屈足貯木場の宿舎に泊まり、翌日は昭和二十八年に開通した十勝川森林鉄道でシー十勝川二股まで四一キロを乗車。野天温泉までの途中はダンプカーの荷台に乗って数キロの山道を稼ぎ、あとは歩いて山越えしてユウトムラウシ川の野天温泉で幕営。川原にこじんまりした熔岩塔があり、その周りから温水が川に注ぐのを、川石を積んで風呂に貯め、月明かりの下で入浴を楽しんだ。二日目は山越えしてカムイサンケナイ川に出て登り、原始林を抜け山稜上に達した。

とある。

報告文に出てくるユウトムラウシ川の野天温泉からの登山コースはその後大きく変貌した。深田が登った翌年の昭和三十七年にトムラウシ山までの登山道が整備された。さらに

大雪山沼ノ原からトムラウシ山（平成３年９月16日　撮影）

三年後の三十九年十一月に野天温泉の場所に町営国民宿舎「東大雪荘」が完成。四年後の四十年には、長距離を走っていた森林軌道は効率のよいトラック搬送に切り換えられて廃止。同年春、雪解けを待って東大雪荘が開業。そして七月に定期バスが運行開始された。また近くにトムラウシ自然休養林野営場を整備。車道もユウトムラウシ第二支線林道が標高九六五メートルまで開削され、この短縮された登山口から日帰りが可能になった。深田が登った頃の秘境は便利さとの交換で今や見ることが不可能なのが現状である。

私が同行した「まぼろしの深田百名山」
音更山と石狩岳

北海道の地図を広げるとおよそ中央部に音更山と石狩岳がある。その北側山腹を水源とする石狩川は、全国でも利根川に次ぐ日本第二の長流で、大雪山の急斜面をえぐって層雲峡渓谷を形づくっている。十勝岳東方に源を発する十勝川は石狩岳の斜面を南流。その支流の音更川は音更山の南山腹を水源とし、原生林に覆われた人造湖の糠平湖をつくる。この三大川の流域には大雪山はいうに及ばずニペソツ山、ウペペサンケ山、クマネシリ岳など多くの山が聳えている。

深田さんが音更山と石狩岳に登ったのは昭和四十三年六月二十日。その前日、帯広空港に到着する深田さんを出迎えたのは札幌の氏家民雄、平野明、浅利欣吉の三氏と私。

まずは帯広市内で昼食。その時の心境を深田さんは、翌年八月に札幌・凍原社から発行した「北海道を旅する手帳『北の話』」（第三二五号）に「石狩川の源頭」と題し、「まず町なかの小料理屋で昼めしを注文して久潤を叙する間も、私は鬱陶しい内地の梅雨を抜け出してきた私自らを祝福し、これから約十日間北海道で登り残した山々をめぐり歩こうとする幸福な予感で胸一ぱいであった。その手始めが音更山と石狩岳である……」と述べられている。

一四時半、氏家、平野両氏の車に分乗して出発。糠平湖に差しかかるとウペペサンケ山の頂上を雲が覆い、その全貌が現れるのを待ったがなかなか晴れてはくれない。手前に糠平富士を従えた広大な山域である。温泉宿で所要を済ませ、湖岸沿いに入り込んだうねりくねった道路を走る。

今宵のキャンプ地は十勝三股からさらに九キロばかり入った旧御殿飯場跡。そこに一六時四〇分到着。先発していた帯広エーデルワイス山岳会の大山幸太郎、鈴木和夫両氏と小谷容子さん、大西大子さんは天幕を張り、夕餉の支度をして待って居られた。

日陰にある山間だが、薄暗い感じはせずなかなか夜のとばりは降りてくれなかった。焚き火が始まると次々と豪華な料理が作られ、飲物は十勝ワインを手始めに次々と出てくる。暗がりの炎も高くなると唄も出て賑やかさも最高潮、翌日に用意されたアルコール類もすべて飲み干してしまい安堵の眠りに入る。

がやがやと朝食の準備が始まった三時半に目を覚ます。天幕内は明るく、這い出すと空は虚空をつく快晴。覆いかぶさるように川上岳から石狩岳の山容が迫り、さらに音更山へと連なっている。切れ込んだ幾筋もの山襞には雪を埋め、贅沢な眺めに歓喜する。朝食もそこそこに五時二〇分に歩きだす。造材飯場跡の広場に出ると山並みがユニ石狩岳の派生尾根まで屏風状に拡がる。造材道を少し行くと路は失せ、音更川支流二十一ノ沢に沿って三〇分ほどヤブを漕ぐと、昭和三十六年に足寄山友会が急な斜面を開削した新道コースに出る。

今がツツジの盛りでどこまでも咲いている。登るにつれ、蕾へと変わっていく。恰好の岩はハダカ平とかラクダの背と名付けられ、休憩をとるには十分な場所である。ここは「ニペ見の場所だ」と勝手に名付けてどっかりと腰を降ろして休憩する。振り返るとさすがにニペソツ山は一群の雄。突峰は天に向かって聳え立ち、その左側にはだだっ広いウペペサンケ山が横たわっている。

石狩岳と音更山の鞍部に達したのは一〇時五分。あたり一面はキバナシャクナゲの絢爛な花園が続き、前方ヤンベタップの沢筋が開け、その先に高原温泉が遥かに眺められる。旭岳や北鎮岳は雲の中、山間部は一面残雪に覆われている。左に峻立した石狩岳、右にはどっかり構える音更山、後方にニペソツ山やクマネンリ岳などを眺めながら、柔和な日差しのもとで一時間かけて昼食をとる。

いよいよ音更山である。高山植物帯を抜けると頂上あたりは累々たる石畳、一等三角点の山頂は実にゆったりとした広さである。眺めもユニ石狩岳、三国山、ニセイカウシュペ山から武利、武華の連山、そして支湧別岳と繋がり、均整のとれた北見富士は高度こそないが、印象的であった。

戻り返して今度は石狩岳である。キバナシャクナゲが一面に咲き、エゾツガザクラは蕾、雪渓を辿ると十勝岳は深く切れ落ちていて恐ろしい。測点のある前衛峰を登り、丁度一四時に念願の石狩岳頂上に立った。西側の沼ノ原から五色ヶ原がよく見え、トムラウシ山は雲の中。オプタテシケ山は裾を覗かせているが、その先はすっかり雲に遮られていた。

下りは早いものである。あんなに登りでは休み休みやってきたのだが、わずかラクダの背で憩っただけである。沢から直登した草付では補助ザイルを使って滑るがごとく降りていく。沢に着いて冷たい水を存分に呑む。苦労した沢もヤブも難なく通り過ぎ、林道に着いてほっとする。仰ぎ見る山頂は、よくぞ登ったものだと実感がしみじみと湧いてくる。キャンプ地に到着したのは一七時半であった。

音更川二十一ノ沢を登る深田久弥氏（写真提供・鈴木和夫）

石狩岳頂上の深田久弥氏（写真提供・鈴木和夫）

百名山から漏れた北海道の山を問われるならば、深田さんが昭和四十六年に毎日新聞社から発行された『日本の名山』に、「『日本百名山』その後」と題して「百名山以後、私は相変わらず山登りを続けている。そして是非百名山に入れたい山も幾つか知った。例えば北海道のニペソツ、これはまことに立派な山で、ことに石狩岳へ登る途中から振り返って見た姿は惚れ惚れするくらい気高く美しかった。ここ数年、毎夏北海道へ行って、石狩、音更、芦別、富良野、暑寒別、大千軒などの山へ登ったが、一つとして期待を裏切られなかった……」と著されているように、私もまったく同感である。

我が青春の山　初めての大雪山

高校二年の昭和二十四年九月、先生に引率されて初めて空沼岳から札幌岳に縦走。その仲間たちと樽前山や羊蹄山に登り、山に没頭するようになった。戦後の物資や食料の乏しい時代で、学費に事欠き、費用捻出のため農家の田植えや畑作を手伝って、小遣いを貯めていた。

翌年、高校三年の夏休み前、期末試験中に仲間の兄が天幕やピッケルを持っているので、それを使って大雪山に登ることになった。夏休みに入った七月十六日に六人で札幌を出発。旭川へは誰も行ったことがなく、市街図を頼りに旭川電気軌道の駅舎に向かう。北海道博覧会が開催中で街は混雑していた。電車の終点東川から発電所のある比志内までバスが通っていた。

いよいよここから松山温泉（現在の天人峡温泉）に向かって五里の道程をとぼとぼと歩きだす。雲は重く垂れ下がって蒸し暑い。心配していた雨が降り始め、ゴム引き合羽を着て歩くが、リュックの重みで汗は吹き出し、全身ずぶ濡れとなる。土砂降りとなり雨宿りの場所を探すが見当たらず、やがて川にコンクリート橋が架かっていたので、雨を凌ぐために橋の下に潜り込む。

大きな石を取り除くと恰好の幕営地となる。流木を集め、焚き火で濡れ着を乾かし、その日はそこで泊まることになった。米を炊き、天幕内で一枚の毛布にくるまって寝たが、藪蚊が煩くなかなか寝つけない。

真夜中、ドスン、ゴー、と不気味な音で目を覚ます。驚いたことに川は増水、濁流が天幕のすぐ脇を流れている。昨夜、橋桁に細引を張って吊るしておいた濡れ衣を、取りに行くことも出来ない。一瞬青ざめ、大声で皆を起こして誰彼の物構わずリュックに詰め、路上に放り投げ事なきを得た。水嵩はみるみる増え、伐採された丸太が、ドスン、ドスンと岩にぶつかりながら勢いよく流れていく。

雨は止んでいたので、暗がりの中を懐中電灯を頼りに歩きだす。道路工事中で無人の馬小屋風飯場があったので、入って寝るが蚤に襲われ痒くて寝られない。偵察に行った仲間が「すぐそこに松山温泉があるぞ！」と知らせてくれたので、元気を取り戻して歩きだす。激流に架かる吊り橋を恐る恐る渡ってやっと温泉に辿り着く。

松山温泉での朝食。左から２人目が著者

松山温泉入口。右端著者

夜が明けたばかりで、事の次第を話して温泉に入れてもらう。湯から上がると、大広間に朝食のお膳が並べられている。お金を払おうとしたが「君たち学生はこれから金が必要なのだ」と言って、受け取ってくれなかった。宿主の佐藤門治氏の恩義は今も忘れられない。

一一時、厚くお礼を述べ、いよいよ登山開始。昨日と打って変わって快晴。日差しを浴びながら見晴台に出ると、羽衣ノ滝が眼下にあり、遠く残雪を抱いたトムラウシ山からオプタテシケの山々、この広大な眺めが大雪山なのかと魅了した。途中、瓢箪沼があって、皆で写真を撮りに湿地帯に入り、自動シャッターが切れるまで動かずに居て、その間、ブヨの大群に襲われ、首筋など刺されてしまった。

勇駒別温泉（現在の旭岳温泉）に出ると神楽営林

署の白雲荘があって、管理人の工藤虎雄氏が薪を割っていた。道を尋ね、遅くなってはと急いで旭岳石室に向かった。道沿いのクマザサは最初は小さかったが、それが次第に大きくなり、一時間位歩いてからやっと誤って東川に下っていることが判った。勇駒別に戻り体裁が悪かったが、工藤さんの白雲荘に厄介になる。

近くに仰岳荘や勇駒別山の家があり、旭川商業高校のパーティーが泊まっていて、そこへ転校していった学友と偶然に出会う。旭川東高校では大雪山登山を年中行事として実施していて、速水潔先生が大勢の生徒を率いてやって来られ、どの山小屋も満員になる。管理人の工藤さんは、われわれの心もとない失敗を案じ、知らないうちに速水先生に明日の引率を頼んでおられた。その打ち合わせに宮様が泊まられた特別室で紹介され、緊張のあまり何を話したか忘れてしまったが、ご厚意に甘え連れて行ってもらう事になった。未知の山への不安が解消。今日一日、佐藤門治さん、工藤虎雄さん、速水潔さんと、思ってもいなかった方々の温情に浴した。露天風呂で星を眺めながら、失敗続きの一日を振り返った。

明けて十八日、台風が接近しているので旭川商業高校は五時に出発。速水先生率いる旭川東高校七〇余人は六時過ぎに行動開始。旭岳石室に着く頃は怪しげな空模様となる。姿見ノ池付近には大雪渓が横たわり、爆裂火口から噴煙が靡き、この世とは思えぬ異様な光景だった。休憩して出発するが、登るにつれて風が強くなり、視界は四、五人先しか見えず、前の人と間隔を離してはいけない。先発した旭川商業高校は途中で道を見失い、引き返して裾合平から中岳温泉経由で登るという。

速水先生は「身体に自信のない人はここで引き返すよう」と皆に告げ、「自分は何度も登っているので迷うことはないが、一人でも倒れれば一行は全滅だ」と、引き返す勇気を強く訴えられた。われわれも揃って登りたかったが、体調を崩した者に一人が付き添って下ることにし、分担した荷物のうち米一升を彼らに渡して別れた。旭川東高の女生徒を含め多くが下山し、縦走者は二四人となる。岩陰で休憩して食事をとるが、パンは喉を通らず、握り飯も寒さのため食欲がわかない。

「もう一〇分で頂上だ！　頑張れ！」砂礫を踏みしめながら登る。火口から吹き上げる強風は、小石をまじえて頬を打つ。断崖に沿って飛ばされそうになりながら、一一時過ぎ旭岳頂上に立つた。雄大な景色こそ見えないが、北海道一の高い山に登った感激でいっぱいだった。石碑があって句が刻まれていたのが印象に残っている。

頂上は一面砂礫帯、登山道の踏み跡など風に吹き飛ばされて判別できない。反対側の急斜面を滑るように前の人に付いて下るだけ。やがて大雪渓に差しかかり、滑落しないように前の人の足跡を忠実に伝う。少し左に切りすぎたのか雪渓が切れた所には夏道はなかった。速水先生やリーダーたちはゾンメルシー（短い夏スキー）を見事に操りながら、道探しに雪渓を滑って行く。

待つ身も寒くて辛い。降りしきる雨は身体を伝い、指先から雫となってポタポタと落ちていく。骨身に凍みる寒さで吐く息も白く、手足の感覚も失せていく。大声で話し合ったり、足を動かして体温を保つ。全員でヤッホーと合図するが、風に遮られこだまのみが返ってくる。「来た、来た」と誰かが指差すと、その方向に黒ずんだ雨雲が渦を巻き、幻の如く消え去ってしまう。僅か一〇分足らずの時間だったろうが、実に長く感じられた。

微かにホイッスルの音がする。全員安堵の胸を撫ぜ下ろし、皆でヤッホーと合図すると、ガスの中、僅か七、八メートル先に人影が現れ、「道があったぞ」と朗報がもたらされる。いさんで歩きだすが、また雪渓となり、今度は足跡探しである。放射状に分散しながら下り、やがて発見し、雪渓の冷たい流れに沿って行くと、風雪に晒され、字も読めなくなった指導標があった。

もうここまで来たら大雪銀座通りで、所々に指導標があって安心である。歩くと身体が温まり眠気がさしてくる。雨に濡れたリュックの重みが加わる。まだ中岳と北鎮岳を横切らなければ、黒岳の石室に到着しない。

中岳を越えたあたりで、前の方でふらふらと立ち止まる人が居る。「倒れるぞ！」の声と共に、先頭を歩いていた先生がいち早く飛んで来て、頬をぴしゃ、ぴしゃと打ち「眠ったらだめだ」と活を入れ、重いリュックを奪い取って背負い「お前が倒れたら終わりだぞ」と大声で励ます。仲間に両腕を抱えられながら行進は続く。その内にあちこちで倒れ始め、われわれの一人も倒れ「眠るな、眠るな」と、天幕の支柱で背中を叩きながら進む。

「腹が減ったのであろう」と小休止となる。倒れた仲間に当時入手困難だった粗目糖を口に入れてやるが、「何だこんな砂なんか食えるか」と吐き出してしまう。とにかく喉に通るものは何でも食べさせた。

寒さ、疲労、空腹、眠気から倒れるのであった。歩きだすとすぐ元気を回復。北鎮岳の裾を巻き、高山植物が咲き乱れる雲ノ平を過ぎると黒岳の石室が見えてきた。

われわれはここに泊まるので、お世話になった速水先生や旭川東高校の学生さんにお礼を述べて別れ、一行は層雲峡に下って行った。

着替えも毛布もずぶ濡れ、煙に咽びながら夜遅くまでかかって焚き火で乾かす。石室の床や壁板は剥がされ、燃やされてしまったのであろう。寒い隙間風が身に沁る。

十九日、乾パンも百円札も雨でぐしゃぐしゃ。八時半に黒岳石室を出発。黒岳頂上に達するが、雨こそ降っていないが相変わらずのガスと強風。砂礫帯の踏み跡を辿るが頂上でまた道を見失ってしまう。大きな岩を越えたり一〇分位徘徊し、ようやく下山道を見いだす。急な坂道を淡々と下って行くと次第にガスが切れてくる。陽が差してきて層雲峡が手に取るように見える。カメラを持って来なかったのが悔やまれる。旭岳の別れがあまり急だったので、カメラは下山した二人が持ったまま。われわれは三脚だけ背負っているのだ。

天候も良くなり、幾人もの登山者が登ってくる。喉が渇き一刻も早く流れに出ようと急いで下る。登山口事務所で高山植物を盗掘していないか検査を受ける。バスの時間まで二時間半あるので、銀河ノ滝や大函まで見に行った。日差しを受けた温かい砂利道で、あちこちに蛇がとぐろを巻いていて、踏みつけそうになる。層雲峡からバスに乗り、上川駅で列車に乗り継ぎ、偶然にも滝川駅で別れた二人と一緒になり、橋桁の残留品は回収されていた。

初めての大雪山は失敗の連続。山の恐ろしさを体験したことが、その後の登山に大いに役立った。今もその時に出会った方々のご恩は忘れられない、青春の思い出である。

勇駒別温泉から旭岳を経て愛山渓温泉へ

日本山岳会常任評議員の望月達夫氏が、昭和三十五年七月に三井信託銀行札幌支店長として転勤され、請われて羊蹄山に登る。翌八月には深田久弥氏が日本百名山・利尻山取材で来道され、望月氏の誘いで幸運にも同行し礼文岳に登る。翌年、望月氏とは三月に長尾山、五月にオロフレ山に登った。

大雪山の話が弾み、昭和三十六年七月二十三日夕刻、旭川からバスで勇駒別温泉へ向かう。雲一つなく旭岳や十勝岳の噴煙は黒ずんで山裾を縫って靡いている。オプタテシケ山が神秘な星空に向かって、アイヌ伝説のように矢を射るように鋭い鉾先を擡げている。

バスガイドが川岸の断崖を指しながら〝上川アイヌは争いが嫌いで、あの様な砦を築き外敵を防いだそうでございます〟と皆を失笑させた。〝私たち旭川生まれは、いざこざが嫌いで、皆親切なのでございます〟と、上手く話をそらしている。北海道の直線道路は自慢だが、凹凸道路はどうもいただけない。

宿泊地勇駒別温泉に着いたのは暗闇の二〇時。最初に建てられた大雪荘山の家に厄介になる。土曜日とあって大変な混雑ぶりで先客の酔歌が聞こえてくる。先ず一風呂浴び、美味しいビールで乾杯しながら食事。明朝早出なので早々に床に入る。

同宿の登山者はがやがやと出発準備で騒々しく目を覚ます。窓越しに旭岳を眺めると、くっきりと宵の明星が残るなか、美しいコニーデ型の山頂が望まれ、静かな夜明けである。身支度もそこそこに用意されたオニギリを貰って四時に出発する。

登山事務所で入山証を貰い、見事なエゾマツの樹海が清々しい。夜露を追ってかブヨの襲来が激しく、休むことも出来ずピッチはどんどんと早まる。天女ヶ原からの旭岳の展望はさすがに雄大で、幾重ものエゾマツの梢越しに、赤茶けた大爆裂火口が頂上直下から切れ込み、焼けただれた岩肌が異様である。足元の湿地帯には葉もすっかり延びきった水芭蕉の合間を縫って、エゾカンゾウが咲き誇り、汗を拭う間に額がブヨにやられてしまう。

緩やかな登りを幾度か迂回するとダケカンバの喬木帯で、十勝、芦別連峰が良く眺められる。残雪に足を冷しながら台地に出ると、そこは前旭岳で噴煙が美しく揺れている。エゾツガザクラやイワヒゲなどの見事な地衣高山植物帯が続く。先着の登山者が大勢で姿見の池で右往左往している。私たちはブヨを避けて石室に入ってオニギリを頬張る。

六時一〇分、高曇りの空を気遣いながら、次第に急な登りになっていく火山砂礫帯の山頂に向かって歩み続ける。大勢の人たちと追いつ追われつ休みながらの登りである。風晒も強く、汗ばんだ身体をヤッケで身を包む。高根ヶ原から忠別岳への高原は間近である。緑濃き山麓には幾多の沼が散在し眺望を新たにする。ブヨはここまでは追って来ず、最後の登りを存分に楽しんだ。

倉庫岩が頂上近くの肩にあり、ここを目標にぞろぞろと登っている。近づくにつれ一丈余の四角な岩が、どっかりと鎮座し親しみのある岩である。何の苦もなく登り着くと、そこはもう山頂で多くの登山者で賑わっている。高曇りの空も何時しか陽が輝いて、三六〇度の眺めも欲しいままである。北海道中央部の著名な山岳はおろか、阿寒の山の噴煙までも見極められた。これから比布岳、永山岳の爆裂火口を辿って愛山渓に下るので、大パノラマを去り難い思いで東斜面に向かって下って行く。

雪の白、岩の黄、空の青と美しいコントラストだ。降りた所はお花畑の楽園、雪解け水が音の調和を奏でている。そこには色とりどりの服装の女性パーティーが賑わしく憩っている。望月氏が持参したユデアズキの缶詰に雪を入れ、氷水よろしく舌包みを打つ。

熊岳への登りで汗を流し、ここから旭岳の眺めは均整の取れたスリバチ状の山である。

熊ヶ池と言うのであろうか。競技場遺跡の様な円形の凹地が山頂にあり、雪解の水を湛えている。難なく間宮岳に達し、御鉢平の広々とした火口の展望に再び目を見張る。そこには有毒温泉がある。大正十二年八月に愛別村民が登山し、入浴中に有毒の亜硫酸ガスを吸って死亡している。当時は有毒とは誰も知らなかった。その流れはゆったりとした硫黄の黄色の川となり、残雪と共に白くよどんだ水がシュマフレペツ（アイヌ地名＝小石が温泉のため全部赤い川、和名＝赤石川）となって、かなたに流れ落ちている。

チングルマやシナノキンバイの群落が何処までも続いて咲いている。中岳手前の裾合平からの登山路が、愛山渓から当麻乗越を越える路と結ばれている。ここを辿る道は大雪山に登るには一番楽であり、眺めは良く、また人っ気のないコースである。

今まで辿った登山路は通称銀座コースと呼ばれ、幾組ものパーティーと出会い、その数は凡そ五〇〇人は超えているであろう。中岳を越えいよいよ北鎮岳の登りにかかる。北海道第二の高峰だけに登りごたえも充分ある。汗にむせながら頂上着一〇時半。やはり頂上には十数人の先客がいた。昼食らしからぬが乾パンとゼリー菓子で喉を潤す。鋸岳、比布岳、愛別岳とそれぞれ異なった山容が並んでいる。

いよいよ人気のない愛山渓コースを辿る。一寸下った所でコマクサを見つけてスケッチ

望月達夫氏　後方は鋸岳

する。高山植物の女王とも呼ばれ、また何時めぐり会うであろうか、紅紫色で花弁を描き筆を置く。風一つ無く、蒸し返す暑さで比布岳の登りで苦しむ。競い咲きのキバナシャクナゲに迎えられる。比布岳には大きな峪が切れ込み、愛別岳と永山岳の鋭い火口壁に気を引かれる。僅か左に寄った安足間岳に荷を置き空身で愛別岳に向かう。急な火口壁を下るが、永山岳との間の深い沢が横たえ、地形図どうり簡単に登れず、時間もかなり費やしたので途中で断念する。愛別岳はなかなか見応えのある独立峰で、冬期にはアイゼンワークが強いられ、白川尾根からの登りは凄まじいものである。

永山岳に帰り着いて、クモイリンドウの蕾に魅せられて滞在。雪に粉末シロップを混ぜ何杯も乾杯。今まで贅沢な眺めだったが、この眺めもここでお別れなので時間の許す限り休憩する。一三時二〇分、ジグザクのハイマツ帯を伝い下山にかかる。ここで初めてハクサンイチゲを目にした。銀明水と言う沢にさしかかり、清涼な水が迸り、焚き火の跡もありキャンプ地なのだろうか。ササヤブ地帯となり、水気のある路に時折り足を奪われる。

コマクサ

沼ノ平が眼下に広がり、帰路立ち寄るためにピッチを上げる。

先刻の銀明水の下流であるポン安足間川を渡り、再びブヨに追い立てられながら、顔を洗い、汗を拭う。ここからは川沿いの路を辿らずに、沼ノ平に向かって少し登り切ると、大きな林道となり指導標を頼りに左折し五分も歩くと湿地帯に出て、絢爛なエゾカンゾウに迎えられ、草むらにはワタスゲが茂り、沼は足元の地位よりも高い所に水を湛え、周囲の山々の影を写している。陽炎に燃えた雪解の脇きからはエゾコザクラが咲き、その中に白い花のシロバナコザクラが僅かに見られ、珍種であるだけに感動した。

長い滞在も許されず、三十三曲りの路を泥濘に足を入れ、疲れた身体を励まし合いながら愛山渓温泉に着いたのは一五時四〇分であった。一六時発のバスは登山者の帰りを待って、一七時に延期したとのこと、心ゆくまで温泉につかる事が出来たが、その日のうちに札幌に帰る汽車の接続は無く、止むなく終着の滝川で一泊し、翌朝帰札した。

大雪山北鎮岳より荒井岳方面遠望
（『北海アルプス　大雪山絵葉書』大雪山調査会発行）

ウペペサンケ山

昭和三十六年九月二十一日、連休は混雑するので急行寝台車と洒落込み、帯広に向かっているのは私と藤平正夫氏（私の勤務する丸善㈱札幌支店近くの北陸銀行札幌支店勤務、昭和三十三年に京都大学学士山岳会チョゴリザ登攀隊長として初登頂、平成五年から七年まで日本山岳会会長を歴任）である。二人は上段の寝台から物憂げに窓カーテンを開くと、明け方の気配も重々しく濃霧が今にも雫となって降り出しそうである。好天が続いた秋日和は、そう長くは持続してくれなかった。

帯広駅で士幌線に乗り換える。旅先から早々に乗車していた望月達夫氏（三井信託銀行札幌支店長、日本山岳会副会長、「山岳」編者）、藤井運平氏（日本カーリット㈱北海道営業所長、日本山岳会評議員）と合流。満員にも係わらず私たちの席まで取って迎えてくれた。乗客の半数は登山者で、多くはニペソツ山から石狩連峰に抜けるのであろうか。豊饒な十勝平原の右にヌプカウシやペトウトルの山塊が迫ってくると雨が降り出し、糠平湖に抜けると

左から藤井運平氏、藤平正夫氏、著者
（写真提供・望月達夫）

波紋が一層大きな輪を描いていた。

　糠平駅で下車、二、三の登山パーティーと観光客の殆どがここで降りてしまった。用意してきた作られたばかりの折り畳み傘を差し、線路伝いに近道を行って、営林署担当区で入山者名簿に署名。近くの旅館で今夜の宿を乞うが満員で断られる。下山後に探すことにして雨の中をすぐ山に向かう。

　温泉街の指導標を頼りに坂を下り橋を渡ると、そこはもう打って変わって森林帯で、造林の廃道が延々と続いている。静まり帰った草地には火葬場と墓地があり、何かしら遭難死者の哀れみが込み上げてくる。路は糠平川に沿って続き、浅い水位と平行しているので、まるで田圃のような泥濘だ。ゴゼンタチバナの赤い実、トリカブトの青い花で癒される。丸木橋を恐る恐る渡り、倒木の間を潜り抜けたあたりは、キャンプ地となっていて最後の水場でもある。早々に出掛けた四人組の若い連中が幕営中で、濡れ木の焚き火も煙りだけが曇り空に立ち込めていた。

　曇天の急ぎは無用と私たちも休憩する。藤井さんが羊羹を持参され御馳走になる。山はもうすっかり紅葉し、ダケカンバのけがれなきベージュに混じって、カエデがウォルナットに綾をなし、エゾマツやトドマツの混生樹林に這うように成育している。一二六〇㍍の前衛峰が岩肌を突き出して招いているが、それから上は張り詰めた雲の中だ。

川の流れと別れ、いよいよ急な登りにかかる。第二室戸台風の被害で倒れた大きな倒木帯が続いている。雨は依然として降り続いているが、山間は風が無く傘は大変都合が良い。人一倍汗かきなのでポンチョを被って蒸れるよりはましである。単調な登りが続き尾根も近づいているので、風を避けて昼食にする。

歩き始めて間もなく一四〇〇㍍の鞍部に出る。ハイマツと濃霧に閉ざされた尾根の上は風も強く、白い霧が尾根路に沿って流れている。愛用の傘もままならずヤッケで身を固める。視界も望めぬ悪天なので協議の結果ここで引き返すことになった。下りもまた泥濘が滑り容易ではない。一歩また一歩と踏みしめながら長い下りが続く。

前方でガサガサと音がしたので目をやると、鹿が白い尻を見せながら飛ぶように山を下って行く。驚いたのは鹿ばかりではなく、こちらも熊かと思ってひやりとさせられた。キャンプ地を過ぎ川の流れに沿って延々と続く道程を、話題に花を咲かせながら温泉街に到着した。

連休の初日とあって温泉旅館はどこも満員、公衆浴場や木賃宿でも断られた。土産物店で何処か探して貰おうと頼むと、親切にもお寺や食堂に電話を掛けて交渉してくれる。この雨降りに風体の良くない四人組の悪漢が店先に立っているのだから、旅館からオフリミットをくらうのは当然だろう。ようやく湖月食堂が紹介され、老夫妻が経営する食堂二階の一室に落ちつく事ができた。

部屋一杯に濡れ物を広げ、湯量の豊富な銭湯（クロールナトリウム性温泉）で十七円を支払って入浴。脱衣所のテレビは折よく柏戸、大鵬が横綱をかけての一番が放映されていて大勢の人だかり、湯治客には欠かせない娯楽である。食事は食堂が本業なので夕食は随分美味しいものが並び、ビールを傾けながら夜遅くまで日本山岳会の方々の話題で尽きなかった。

翌朝、雲の切れ間から澄んだ青空が眺められ、次第にあたりの山々が姿を現してくる。藤井さんが夜半床を抜け出して家主と長談義をしてきたのだろう、盛んに然別湖の山田温泉行きを薦める。今が丁度ボリボリキノコの最盛期、それを採りながら峠を越え、温泉でイワナを釣り、そこでもう一泊した方が楽しいだろうと。しかし望月さんは起き抜けに好天に気を良くして、再びウペペサンケ山に登るのを強調。朝食もそこそこに身軽な装備で出発する。

一度通った道程は早いもの。昨日より三〇分早く一四〇〇メートル鞍部に到着する。真っ赤に紅葉した糠平富士がどっしりと立ちはだかり、急な斜面をあえぎあえぎ登る。キャンプ組や早立ちの人たちと随所で交差する。風は強く空模様は怪しくなったので、ヤッケに身を固め一六〇〇㍍の糠平富士に立った時はとうとう雨が降り出し、霙となって横殴りに降ってくる。ハイマツの下で身を凌ぎ回復を待つが暗雲の空は止みそうもない。時々日が差し込み虹が映えて美しい。ウペペサンケ山の頂上が現れて全貌が望めた。実にスケールの大きな山だ。頂から切れ込んだ沢は見事で、残雪期の眺め

霧に霞んだウペペサンケ山

はどんなにか素晴らしいであろう。

またも山頂への望みを断念して下山となる。雲の中から逃れ少し下りると皮肉にも陽が差してくる。紅葉の秋空を写したコバルトブルーの糠平湖が一際美しい、遠く十勝の山々、そして日高の山並みがうっすらと眺められる。大きな岩陰で風を避けて昼食とする。最後の一四〇〇㍍の鞍部とも別れ、昨日同様に泥濘に足を滑らせながら急斜面を下る。小さな無名の沼が右手に見下ろせ獣道が続いている。はや陽も山の陰で西日はここまで差してこない。薄暗い樹林の中をそれぞれが瞑想に耽りながら、温泉に着いた時はすでに陽は山の端に落ち、夕焼けの空に黒々と糠平富士が屹立していた。

永山三角点の断崖絶壁
（『北海の秀峰　国立公園大雪山の驚異』北海道絵葉書倶楽部発行）

冬の十勝岳

北海道の三大スキー場の一つハンネス・シュナイダーが絶賛した十勝岳へ、我々一行は白金温泉を後に泥流スロープに向かっていた。エゾマツやトドマツの混成樹林を抜けると、望岳台と名付けられた台地。そこは晴天にもかかわらず中腹から上は噴煙や雲に覆われ、美瑛岳の山裾が左に迫り、新噴火口の噴煙が長々と山肌を縫っている。三段スロープからなだらかな樹林帯、その先は富良野岳の切り立った痩尾根が続き、一三三五メートルピークが低い背を擡げ、円い美しい頂を見せている。

雪質はよく、結晶の一つひとつがそのまま重なり合って七色の光を放っている。望岳台を過ぎ、白銀荘への分岐点から硫黄山のデポ地点まで交替でラッセルする。膝まで没するフラヌイ川に荷物を置き、軽装で泥流スロープを登る。硫黄採掘のケーブルに沿ったあたりは東京スロープと呼ばれ、大勢のスキーヤーが滑っている。新噴火口のシュナイダーハウスまでと、急な登りを辿るが次第にガスが濃くなり、雪も混じって降ってくる。地震観測所の建物はすっかり氷づいたガラスの塔である。

　ますます視界はきかずシュナイダースロープを辿らずに、登って来た東京スロープを滑る。凍えた手でシールをはずしてジグザグに滑る。ボーデンの出来る人はずんずん行ってしまう。最後に残されたスキーの下手な私は、面倒なので一直線に滑って、転びながらスピードを落とす。泥流スロープに入ると、さすがに雪は深く転ぶたびに雪煙を上げ、身をすっぽりと埋めてしまう。遅れまいとダイレクトに飛ばすが、雪に濡れた顔は氷づいて、スピードとともに身を切る思いである。やっと無事デポ地に到着すると、祝杯にと仲間からテルモスの湯を貰い乾杯する。

　再び重い荷を背負いラッセルしながら白銀荘に向かう。タンネの森も密生し、やがて赤い屋根の山小屋が現れる。手前に再建された勝岳荘が、木の香りも新たに迎えてくれたが、昔懐かしい白銀荘に入る。ウイークデーとあって先客は無く、ひっそりとした小屋であった。ドラム罐のストーブが燃えるに従い誰が持ってきたのかウイスキーのコンパが夜遅くまで続く。

　二日目、燃えぬストーブのいざこざで目をさます。炊事場はバケツに汲んだ水が底まで凍っている。食事の日課は大変だ。近くの小川まで行って、雪穴から汲み上げるのだから、

勝岳荘　遠方は十勝岳

全く身の縮む思いであった。
　今日の午前中は三段スロープだ。快晴なのでみんな晴れやかに出発する。シュプールは残っていて、足なみは軽い。見事な樹海がどこまでも続き、振り返ると朝日に映えた大雪山連峰が浮かび上がり、旭岳の爆裂火口が印象的である。少し登ると右手に富良野岳が現れ、樹林帯を抜けたあたりが二段目なのだ。ますます眺望がよくなり、前十勝、三段、崖尾根といずれも雄大なスロープを従え、贅沢な眺めの登りである。旧噴火口からの噴煙が大空高く舞い上がり、時折り陽の光を遮っている。

やがて十勝岳本峰も現れ、ピラミッドの頂上は、鋭い光を放った氷壁の山であり、アイゼンを軋ませながら登ると頂である。ヂクザクに三段山の頂上に近づき、直下でスキーをはずし、ストックで躰を支えながら頂上に立った。

待望のパノラマは噴煙に遮られ、時折り風加減で微かに望まれる上ホロカメトックの山容は、あたかもヒマラヤに似て近づき難い山である。豪快な三段スロープの滑降が始まり、思い思いのシュプールを描いて、一気に二段目まで滑る。雪煙を上げながらの転倒は、何の抵抗もなく羽根布団の上を転がるように快適である。

白銀荘で昼食を済ませ、今度は崖尾根だ。シュプールはなく、殆ど色褪せて判読に苦しむ指導標を伝ってラッセルを続ける。吹上温泉跡を通り、見事な雪帽子を被ったエゾマツの樹林を進む。やがて眼前が開け崖尾根が横たわっている。ダケカンバが所々に彩って剥き出しの山肌を和らげる。ヂグザクに登って稜線に出ると、三段山の頂とは打って変わって展望は開け、旧噴火口から八ッ手岩、バケモノ岩、ホコ岩が手に取るように眺められ、切れ込んだ一つ一つの氷の頂が夕日に映えて、正しく神々の座である。陽も傾き、急激に温度も下がり、雪の表面はザラメに変わる。木立の影も長い尾を引き、前十勝の頂であろうか、アーベンロートに輝いている。小屋での夕餉は雑煮をたらふく食べ、今回の恵まれ

富良野岳

た思い出やエピソードに話が弾み、二一時消灯。
　三日目、いよいよ今日は帰らなければならない。近くの踏み固められたゲレンデで一滑り、泥流スロープから続く富良野平原を眺め、その先の一連の山並みは夕張山脈で、芦別岳の岩峰が異様な鋭さで切り立っている。汽車の時間に合わせて白銀荘に別れを告げ、夏道に沿って滑って行く。途中、木が切り倒された原っぱに出ると、さすが富良野岳は間近に聳え、去り難い思いであった。

熊の平より石狩ニペソツ山ウペサンケ山を望む
（『北海の秀峰　国立公園大雪山の驚異』北海道絵葉書倶楽部発行）

遭難寸前の大雪山クワウンナイ川遡行

クワウンナイ川を一躍有名にしたのは、慶応義塾山岳部の大島亮吉が大正九年七月二十二日に松山温泉(現・天人峡温泉)から遡行してトムラウシ山に登り、その紀行文を『登高行』第三年(大正十年)に「石狩岳より石狩川に沿うて」を発表してからである。それには、

安山岩の少しも大きな凹凸のない河床を一杯に清冽な水は無数の白泡を浮べ飛沫を跳ね飛ばして淙々とした音を立てて流れてゆく。ただにその河床は数町にて終わらず、屈曲して河身の見えない処までつづいている。潺々たる水、瑠璃玉のような水泡、すべてが河床を辷るように流れてゆく。我々は是迄の尖々しい感じはこの明媚な秀麗な景趣に洗い流されて一種の幽趣を帯びた、全るで南宋画にあるようなこの景図のうちを歓声を挙げつつ進んだ。

クワウンナイ川の「滝ノ瀬十三丁」を、これほどまで巧く表現したものは他に見当たらない。

私たちが遡行した当時のガイドブックなどでは「日本一美しい沢」、クワウンナイ川は忠別川の支流でトムラウシ山と化雲岳の間が源流、標高一一〇〇メートル付近の魚止ノ滝上流部に、滑らかな一枚岩の上を水が静かに流れ、ワラジをはいての感触はたとえようもない。そこが「滝ノ瀬十三丁」と呼ばれる場所で、美しい景観が約一・五キロメートル続き、全長約一三キロメートルの清流―と絶賛。沢の遡行は源頭まで約一〇時間、ナメ滝は約一時間半の行程である。それが降雨に遭遇すると快適なナメ滝は一挙に増水し、危険で動くことが出来ない―とある。

この私の紀行は昭和四十八年九月中旬、四日間かけて難渋しながら遡行した記録である。雷雨でずぶ濡れになりながら、やっとの思いで避難場所を確保。雨の中で焚火を燃やし、濡衣を乾かして元気を回復するなど、水に濡れて染みついた地図を広げるたびに当時の記憶が蘇ってくる。

九月十四日一九時札幌駅集合。一行は道新山岳会の氏家民雄、山川力、浅利欣吉、萩原勇雄、佐藤信明、岡部幸子、札幌山の会から私と皆木英子の諸氏である。旭川の丹頂小路の居酒屋で前途を祝してから秋田屋旅館に泊まる。

十五日早暁、野原豊雄氏らが運転する車で天人峡へ。どんよりとした曇り空であるが入渓して前進しなければならない。私の荷は個人装備の他にザイル、鋸、パックされた食糧箱三個をザックの上に括り付ける。浅利氏のザックは天幕類が横に広がり、氏家氏は猟銃を肩に掛けている。これらは後の行動中にヤブ漕ぎや高巻きに大いに支障をきたすことになる。準備を終え七時に出発、三〇分ほどでポンクワウンナイの二股に達して朝食。小雨の中を渡渉や高巻きを繰り返すが、やがて水かさが増し腰までつかって遡行する。

昼食を終え、中州地帯で北大ワンゲル部の四人組に追いつかれ前後しながら進む。薄日が差しはじめると鬱蒼とした深い森に尾根が覆い被さるように見上げられる。この日は広々とした中州を通過し、一六時過ぎに恰好の広場を見つけて幕営地とする。今日は五キロほど遡行したであろうか。

高々と焚火を燃やして濡衣を乾かす。

十六日六時起床、出発したのは八時で右岸をどんどん進んで行く。一〇時、八〇〇メートル地点で前進できず、踏み跡を見つけてザイルで荷揚げしながら高巻く。急斜面を越した地点で踏み跡は失せてしまい、我々は迷い込んでしまったのだ。止むなく引き返し、ザイルで人と荷物を川辺に降ろし四時間もの徒労だった。対岸の深みを渡渉再開。

この頃から暗雲が漂いはじめる。一五時、八五〇メートル二股地点で雷雨となり、連続して稲妻が走り雷鳴が轟く。一瞬暗くなり、金米糖大の雹が一挙に降り注ぎ、地面も川の流れも真っ白になる。金属の入った荷物から逃れ木陰に退避するが、気温が急降下。濡衣で身体の震えはとまらず最悪の事態となる。川の流れは土砂を抉った濁流、それが見る見る増水している。行く手を阻む高巻地帯だが猶予はならない。薄暗くなってきたので踏み跡の傾斜地を均して幕営地とする。

濡れた倒木を集め、枝を石で砕いて乾いた部分を火床にし、その廻りに濡木を櫓状に立てかけ、さらに雨が入らぬよう蕗の葉で回りを覆い、新聞紙を小さく刻み、こよりにして何回も火を通すが、なかなか燃えつかない。新聞紙も尽き、各人の手帳を集め、一枚一枚大事にこよりにしながら焚き続け、二時間かかってようやく大きな炎となり、濡衣を乾かす。この日の行程は約四キロ。就寝したのは二二時を過ぎていた。

十七日、最後の日である。少しでも早く出発しようと三時起床。だがあたりは暗くて踏み跡を見い出せず、明るくなって五時半に歩き出す。沢に下ると心配していた増水はおさまり清流となっていた。川原で朝食。目標の二股に七時二五分に到着。滝を越してナメ滝に入ったのは九時四〇分、日差しで流れがキラキラと反射するなかを、ワラジに身を託しながらどんどん進む。途中で足を滑らしハッとした箇所もあり、水が冷たく身が竦む。
ナメ滝が終わったのは一一時、再びゴロゴロの石を伝って進み、ザイルを要する滝場で休憩する。そこから滝を辿らず、左の踏み跡を見つけながら進むが、その道もやがて消え沢の直登となる。落石に注意しながら一挙に一〇〇メートルばかり登ると沢頭のヤブに出た。そこで木に登り地形を判断すると、近くに池塘があるので、その畔を伝って前進。高層湿原地帯はすっかり紅葉している。大きな湿地帯を横断しようとしたが、ヤブ漕ぎがますます激しくなるのを恐れ、クワウンナイ川に再び戻ることに決める。池塘の流れを辿ってかなり下まで降りられたが、最後の急場はザイルを頼りに二ピッチで川原に達する。ここでも約二時間のロス。川の流れはいぜん衰えていなく、大きな滝を越してから一四時半に昼食とする。

遡行はまだ終わっていない。源流に近づくにつれ流れは冷たさを増し、身体の状態も連日の疲れで、各人各様のアンバランスであった。沢の源頭を幕営と決め、その場所に着いたのは一六時半だった。

浅利、藤原両氏はコースの偵察に出掛け、私と佐藤氏は遅れている、氏家、山川両氏の荷を担ぐ為に迎えに下がる。集結した幕営地に、先行した偵察班が血相を変え、熊に遭遇したと急いで戻って来る。氏家氏はこの為に持参した猟銃で威嚇発砲。今宵は雲一つ無い満天の星空、熊の襲来を防ごうと、白樺の倒木を燃やし続け、濡衣を乾かした後に安眠。

十八日、予定より一日遅れである。心配して捜索隊が出るのではないかと、五時一五分早々に出発する。熊の出没でパーティーを分散することもできず、化雲岳の安全地帯まで一緒に行動する。縦走路に出たのは六時四五分。大きな石を伝いながら日本庭園と称する佳景地に出る。

尾根上はさすがに寒くヤッケを纏う。ヒサゴ沼の鞍部で浅利、岡部、皆木、高澤が先行し、出来るだけ早く天人峡に下り、電話で連絡することを任務とする。萩原、佐藤の両氏は、氏家、山川両氏をサポートしながら下ることになる。

重荷にあえぎながら化雲岳に出ると三人組のパーティーに出会う。今朝、ヒサゴ沼避難小屋から登って来たのだ。暫く行くと東京からやって来た二人づれに会う。彼らは前日「親子三頭づれの熊を見て驚き、いま五十メートル位近くで一頭の熊に出会ったので、慌てて天人峡に下るのだ」と言う。余程驚いたのか、天人峡に下る道の付近に熊が居たのか、展望のきかない雲の中なので、誤ってトムラウシ山方向の縦走路を急いでいたのだ。

八時二〇分、化雲岳通過、小化雲岳まで下ると、雲が切れ日差しを浴びる。展望も広がり、眼前に噴煙を上げる旭岳、そしてロープウェーが行き交っているのが望まれる。

道は高山植物帯に入り、足を濡らすまいとかなり難儀する。紅葉に被われた美しい山々が連なっているが、ただひたすら使命を帯びた伝令を果たさなければと、愛でる余裕もなく重荷を気遣いながら急ぐ。天人峡六キロメートル地点の標識を一一時に通過、湿地から逃れホッとする。浅利氏はそこから駆け下り、一三時二〇分に天人峡登山口に到着。羽衣荘から電話で下山の第一報を入れて事なきを得た。

道新から監査役の山川氏、紙面審査室長の氏家氏と重鎮二名が参加しているので、大事を取って夕刻には捜索隊が出発するところだった。

この道新山岳会行事に私が参加したのは、札幌山の会メンバー絡みであった。氏家氏は札幌山の会創立者で初代会長、山川氏は監査、浅利氏と私は運営を担って活躍していたからである。

美しく謳い上げたクワウンナイ川に、初めての遡行は増水の恐ろしさを身をもって体験できて有意義だった。高巻きで二度も踏み跡を辿ったことが反省点であるが、多くの登山者が増水時に逃げ場を失い、その痕跡を辿ったことであろう。高層湿原を徘徊したのも大いに勉強になった。無理して尾根の縦走路に出ようとヤブ漕ぎを強行していたならば、もっと時間を要したことであろう。十分な食糧を背負っての行動だったが、大きなザックが行動を阻害したのである。

氏家氏は北海道遭難防止対策協議会常任幹事として精通し、沈着な判断によって沢に戻ったことで大事に至らなかった。

その後、この山は全国から多くの登山者が訪れるようになり、遭難事故が相次ぎ死者も続出した。旭川営林署で昭和六十一年六月から「滝つぼと岩場が多い急な地形で、雨が降れば一瞬のうちに大水となり危険である」と、入山を一時禁止したことがあった。

正月の永山岳、愛別岳、当麻岳

まりや医院の淡川舜平院長（綽名・ドクター）と二人で、昭和四十九年十二月二十九日二二時一五分発の列車で札幌を発った。乗客の多くはＳＬファンでカメラボックスを携え満員、彼等は夜行列車をホテル代わりとして移動しているのである。車内でウィスキーを飲んで寝込むが、駅に近づくたびに放送されるアナウンスの声、それと乗客の出入りで混雑して目を覚ます。上川駅に到着、駅舎で荷台を二本並べ、ツエルトに潜り込む。石油ストーブが近くにあるが、荷台の床面から寒気が入って身に沁みる。

三十日朝、雪は降っていたが九時過ぎに晴れてくれた。駅前の観光ハイヤーに九時半に予約しておいたので予定通り出発する。安足間川から愛山渓温泉に向かい、最終人家まで入る予定だったが、除雪はポンアンタロマ川分岐の二股まで着けられていたので一気に到着した。

そこへ上川町役場から雪上車を載せたダンプが一〇時に発ってくるのである。その合間に川辺で登山中の標識用の笹を、根元から一人二〇本ほど刈り取り、待ち時間はツェルトを張って寒さをしのぐ。やがてダンプが到着し雪上車が降ろされる。五人乗りで運転手と役場の人、愛山渓温泉管理人の正月越冬食のダンボール一個、私共二人のスキーとキスリングを載せると、重荷なので雪上車は轍の沈みが深まる。

　この雪上車に乗れたのは、ドクターが電話で愛山渓温泉に予約した際、便乗させて貰ってはと勧められ、厚かましくも実現できたのである。我々は重荷を背負ってこの路を一日がかりで登っていては、翌日からの行動は疲れが残って影響したであろう。雪は激しく降ってくるが、バス路線沿いに白い撓みをずんずん進んで行く。過重のためスピードが出せず運転手はぼやいている。温泉から一キロ手前の大曲の急坂で車は止まり、そこには管理人の中里正之氏が荷物を受け取りに来て待って居られた。

　そこから中里氏のシュプールを辿って、僅かな距離だが荷揚げは骨身に堪える。道路標識が見え、深い川底を見下ろしながら進むと、右手の台地とほぼ同じ高さに達し、懐かしの温泉宿が見えてホッとする。靴のまま二階の居間に通され、ストーブは燃やされていたが誰も居ない。これ幸いとサブザイルを壁に張り、汗で濡れた衣類を乾し、さっそく温泉に飛び込む。ノンビリと迎える正月ムード満点である。

湯から上がり持参してきた食糧を出しながらウィスキーで乾杯。やがて勇駒別からやってきた旭川勤労者山岳会の二人連れが加わって賑わう。労山は明日一〇数名が安足間から登ってここで一泊、翌日は永山岳で雪洞合宿、その後は愛別岳に登る予定だと言う。我々は夜行列車の疲れと明日は永山岳に登るので、二〇時前に床に入る。

三十一日、起床六時、餅に油揚とホーレン草を入れて雑煮を作る。卵は凍ってケースは開かない。オニギリもミカンも石のように固い。温泉を出発したのは八時一〇分、夏路沿いに進むと、右手に橋を隔てて沼ノ平から昨日到着した労山のシュプールが残っている。足首ほど埋まるラッセルは苦にならず、交代しながら進む。小沢を左に向かって登りぎみに入り、標高尾根を目指して登り詰めると見事な針葉樹林。ジグザクに急な尾根を登り、白川を隔てた対岸の尾根が愛別岳からの尾根であることを確認、再び沢に入り雪上を進む。右手の尾根と合する場所は、雪庇を持った尾根で凹地になっている。そこで昼食をとりヤッケを着込む。広大なスロープと合するあたりで雪庇を乗越して花ノ台に出る。

樹林帯を抜けると雪は固く締まり、上部を見渡すとナマコ状の尾根である。一〇時二〇分、早々にスキーをデポしアイゼンに履き替える。最初はハイマツに足を取られたが歩き易い尾根である。足下は空洞となっているので、雪面を踏むたびにキュー、キューとアイゼンの軋む音がする。天候は終日曇り空だが展望はよく、未知のルートの進行方向は的確に捕らえることができた。

頂上部と思われる突端に達すると、右に深く切れ込み、沢を隔てた尾根上に氷山岳がある。我々は間違えたので引き返すべきだろうが、とにかくその先の突端まで行ってみようと登ると、痩せた尾根続きに氷山岳がある。急勾配だが登れそうなので交代でステップを切りながら、一二時四〇分に頂上に立った。

尾根から続く安足間岳、比布岳、愛別岳が見渡せ、沼ノ原は広い台地である。青空が出そうだったが、時間の遅れを促し、すぐ下山にかかる。悪場を通り過ぎると、困難な箇所はなく花ノ台尾根を下り、デポ地点に一四時二〇分。青空となり陽に映えた愛別岳の岩峰は殊更に美しく気高い。明日はあの頂に立つことが出来るのであろうか。岩稜の一つひとつを食い入るように脳裏に刻み込む。デポ地でスキーを履きふくよかな雪庇下のスロープを思い思いのシュプールを描きながら滑る。標高尾根からの滑降は密生した樹林帯。ドクターのようにうまく滑れず、私は急な斜面は転倒の連続である。どうやら平坦な安全地帯に辿り着き気持ちが和らいだ。ポンアンタロマ川の枝沢から本流に達すると、多くのシュプールがあり一気に温泉小屋に滑り込む。一五時三〇分であった。

温泉では労山の人達が賑やかな餅つきを終えたばかりで、管理人の中里さんに迎えられながら、永山岳に登れたのをとても喜んで下さった。食事の用意は面倒なので、中里さんに依頼し一緒に作って貰う。入浴後ビールで乾杯、年越し蕎麦まで用意して下さった。二〇時早々に布団に潜り込む。

一月一日、四時起床。今日の目的は険悪な愛別岳である。朝食は昨日同様の雑煮四切れ、昼食は焼いた餅を二切づつ海苔で包み、アルミ箔で巻いて冷めないようにする。旭川山岳会の三人連れが六時に愛別岳に向かうので、我々は五時四五分、月明かりを頼りに出発する。昨日左折したポンアンタロマ川の枝沢まで行き、そこから沢を渡らずに直角に左折し、あまり山側に近づかないように台地を北東に向かう。山側に近寄り過ぎると愛別岳の白川尾根に取り付くのが急なので、なるべく離れるようにと管理人の教えに従い、ゆっくりとラッセルを続ける。白川第三支流川を渡渉するあたりで、すっかり夜の帳も明けて山容が見渡せる。前方の競り上がった尾根を登った方が緩斜面なので、そこを目標になだらかな雪原台地を三〇センチ程のラッセルで進むと、古い青テープの目印が付けられているのでコースは間違いあるまい。朝の陽は青空を醸し出し、山を紅色に染めている。

ジグザクに急な箇所を切り抜け、尾根に出ると眼下は拡がり、白川下流の平坦な台地が見渡せる。尾根上の登りは風通しが強く起伏が入り込み、雪は固く締まって登行に難儀する。少し右側に下ると樹林帯の軟雪である。樹木は見事な雪帽子を被り、時折り風が粉雪を舞い上げる。大きくトラバースしていると旭川山岳会の一行が追いついてきた。その頃から天候は悪くなり、吹雪で視界はあまり見通せない。岩稜から突出した出尾根はダケカンバの林となり、ハイマツの頭部が雪に覆われ、波打つている。帰路、スキー滑降の際にスキーの先端をハイマツに差し込む危険が感じられ、スキーをデポすることにし、風を避けて大きなダケカンバの陰で一息いれる。

　食事をとりアイゼンを履いて岩稜に向かうが、ハイマツと軟雪で一歩ごとに深く足を取られ思うように進めない。五〇〇メートル位のハイマツ帯でかなりの時間を要した。樹木が無くなると登りは急になり、岩峰が点々と続くなかを深雪をついてトラバース。岩峰を乗り越えたり、忠実に尾根を伝うと、霧の中に切り立った難関が現れた。直登では登れそうもない。ガイドブックには左を巻くようになっているが、上部を巻くのか基部を巻くのか判らない。岩峰上部を巻くにはかなりのテクニックを要するであろう。我々は基部の深雪をついて偵察に出掛け、向こう側を覗くと、急な傾斜だがトラバースが出来そうなので、そのまま突き進むことにした。ルンゼに入ると雪崩が発生しそうな様相なので、第一峰を通過したあたりで岩稜を直登する。ピッケルの石突は僅かしか刺さらない。時には跳ね返される。しかしアイゼンの爪はよく利いてくれた。

　吹き溜まりでは雪崩を起こさぬよう注意深くステップを固めて登り、氷づいた岩に取りつくとコケモモや地衣植物が薄く岩に付着しているだけで、ピッケルやアイゼンは用をなさない。ホールドを求めるスタンスはドクターが下からピッケルで私の足を支えてくれた。急斜面に脅えながら、エビの尻尾の波紋を残した氷塊をカッティングしながら、やっとの思いで第一峰を越し、コルに出て休憩。強い風に晒されながら尾根上を這うように次の岩峰に達し、再び基部をトラバースして次のルンゼを覗き込むと、さらに斜度は増しているので戻って忠実に岩峰に取り付く。岩に付着した氷をカッテイグしながら足場を作って登り切る。風を避けて食事をとっていると、先刻のパーティーが追いついて来る。先に登るよう促すが、我々が早暁からラッセルをしてここまで達したので、敬意を表して先に登るのを待っていてくれる。

　こうなればどうしてもこの岩峰を登らなければならない。手ごわいと思ったがホールドやスタンスがよく取れ一気に登ることができた。あと幾つ岩峰を越すのであろうか、風は容赦なく頬を打つ、雪煙の舞った白一色の世界である。高みに向かってアイゼンを軋ませながら登ると、ぼうっと黒ずんだ岩峰が現れる。そこは簡単に右側を辿って通過できた。さらに孤を描いた雪面を登るとピラミダルな岩峰があり、そこが頂点であろうと最後の登りをドクターと交代する。

一三時五分、思い焦がれていた頂上の三角点をこの手で撫で回し、感激の握手を交わす。頂上は風も少なく穏やかな場所である。間もなく旭川山岳会も登って来たので、カメラを渡しシャッターを押して貰う。展望は何一見えないが、昨日白川尾根から眺めた頂上に立ったので満足だった。

僅か五分の休憩で早々に下山にかかる。困難と思われた岩場も下降ではそう危険は感じず、最初苦労して通過した第一峰を忠実に岩稜を伝うが、突部を僅か右に巻くだけで難なく降りることができた。何もあんな危険を犯してまでもトラバースをしなくてよかったのである。岩稜を終えると雪に足を取られ、疲労困憊でよろめきながらの下山である。ハイマツ帯を渡りきってデポ地に辿り着いた。

旭川の連中はここで幕営し明日下山とのこと。我々は急いで下山しなければならない。日没に追われ、ドクターの先導で白川源流に向かって、大きく斜滑降を繰り返して急な場所から平坦な安全圏に導いてくれる。

源流に達し、緩やかな傾斜を真っ直ぐに下ると、今朝のシュプールに達するはずなので、左寄りに滑り込む。やがてシュプールが現れ安堵の胸をなぜおろす。今日一日の行程を噛みしめながら快適にスキーを飛ばす。温泉小屋に到着したのは一五時四〇分だった。

二日朝、今日は当麻岳に登ることにした。中里夫妻は勇駒別からやって来る知人を出迎えに当麻乗越まで行くと云うので、共に八時一五分に小屋を出る。雲一つ無い快晴、ポンアンタロマ川越しに愛別岳や永山岳の山並みが見上げられ、あの崖尾根を登ったのかと感激を新たにする。川を渡り、急な坂道をジグザグに沼ノ平に向かって登る。夫妻先導のシュプールを追いながらである。昨夜、花ノ台の雪庇で泊まった労山パーティーが永山岳に向かって登っているではないか。振り返ると天塩岳連峰やチトカニウシ山も眺められる。シラカバの林を抜け、台地に出ると沼ノ平で眩いほど太陽の光を浴びる。吹きつける風は刺すように冷たい。愛別岳は峰稜の全てを扇状に開き、爆裂火口の峪を覗かせている。

沼ノ平には小高い丘が幾つもあって、元旦山と呼ばれているとか。中里夫妻はもう雪原を突き切って独立峰に達している。正面から吹きつける風を、顔を横に向けながら風を避け前進する。吹雪に襲われては方向を見失うので、入山時に川辺で切り取った笹の標識を雪に差しなら進む。ポンアンタロマ川の源流に達すると独立岩があり、そこから更に一直線に沼ノ平を横切り、当麻乗越に向かって夫妻のシュプールが続く。乗越に出ると秀麗な富士型の旭岳が眺められ、深い渕を模ったピウケナイ沢が横切っている。

　ここで友人を迎える夫妻と別れ、我々は当麻岳に向かう。傾斜は緩やかな登りで、今まではとは違って何の危険もなく、展望を楽しみながら登る。西の空から雲が沸き上がり旭岳を覆っていく。大きな岩が点在し、一八〇〇メートルあたりでスキーをデポしてアイゼンに替える。山頂に向かって一直線に登り詰めると、雪煙で見え隠れする山頂はすぐそこである。頂上着一三時五分、そこには風化したかなり古い木の標柱が立っていた。尾根続きに安足間岳が大きな山容を呈している。眼下には大塚（一九五〇メートル）、小塚（一八七七メートル）があって岩峰は見事で登りたい山である。先刻まで見えていた旭岳から熊岳はもうすっかり雲に覆われてしまった。

　ゆっくりと下山にかかる。デポ地からは沼ノ平に向かい、またも心地よいシュプールを描きながらの下り。温泉までのスロープは大きく迂回しながら深雪の中を泳ぎ、今日一日はスキーを存分に堪能し、温泉着一四時四五分。小屋には労山、旭川山岳会の人達も到着していて雑踏の賑やかさである。屋外の温泉に漬かり、今宵もビールとウィスキーで暮れていくのである。

三日六時起床、食事を済ませ八時三〇分に帰途につく。この温泉も冬期間は今年で閉鎖する予定なので、もうこんな快適なスキー登山は得られないであろう。中里さんがわざわざ冷たい水流から採ってきてくれた、あの山菜の青々と瑞々しい味は忘れられない。一時賑わった温泉も再び訪れる人もなく、深い静寂の中に取り残されるのである。夫妻は〝さようなら〟〝さようなら〟と見えなくなるまで手を振って送ってくれた。

雪道の最初はスキーで滑れたが、平坦な道になるとスキー滑降も辟易である。来る時に雪上車に載せられた二股へは一一時着、さらに最終人家まで行かなければタクシーを呼べない。スキーを引きずり汗を流しながら、やっとの思いで最終人家に着いたのは一二時三〇分であった。

馬の背よりニセイカウシユペ山を望む
（『北海の秀峰　国立公園大雪山の驚異』北海道絵葉書倶楽部発行）

紅葉の東大雪山縦走

平成三年九月十四日、今朝の新聞は大雪山旭岳に初雪が降ったと報じている。これから東大雪に出掛けるのだが、天気予報によると台風接近でどうやら明日は雨らしい。躊躇しながら札幌から友の車に便乗する。

実りの穂が揺れる広々とした上川盆地から紅葉の大雪山連峰を遠望、観光客で賑わう層雲峡を通過し、大雪湖を迂回してユニイシカリ川からポンユニイシカリ沢へと車は走る。

正午近くに林道終点に到着し十石峠に向かって踏み出す。危うげな丸木橋を渡り、左手の登山道に入る。足元には遅咲きのゴゼンタチバナが心をなごませる。シマリスが餌をねだってしばらく離れない。ナキウサギ繁殖地「鳴兎園」と看板のある所では、鳴き声が聞こえてくるような気がした。

やがて大きな岩石が山肌いっぱいに積み重なり、行く手を阻んでいる大崩れに差し掛かると、踏み跡の登路を時折見失う。振り返ると谷を隔ててニセイカウシュッペ山が特徴ある槍の穂先を擡げている。小崩れのガレ場を過ぎハイマツ帯に入ると、ウラシマツツジが真紅のジュウタンのように一面に燃え、秋を謳歌している。

十石峠には先着の登山者が憩っている。今夜のキャンプ地は音更山のブヨ沢で、これから登るユニ石狩岳から指呼の間である。ニペソツ山や大雪山は雲で見えない。峠にザックを置き、ユニ石狩岳頂上までハイマツを縫うようにつけられた登路を一気に駆け登る。楽しみにしてきた音更山と石狩岳の眺望も雲が掛かっている。雨が心配され、キャンプ地まで急がねばと早々に下山する。

テントを背負ったリーダーと、重い食料を持った若者三人組は幕営準備のために先行し

十石峠からユニ石狩岳を望む

てもらう。自分の荷を苦にしながら遅々と歩く後を、エスコート役は紅一点のウッチャンがついてくれる。遅咲きのキバナシャクナゲやエゾツガザクラを見つけてくれるので、その度に休む回数が増える。

すっかり霧に包まれ、暗くなりかかった頃に、ようやく小さな沼のあるブヨ沢キャンプ地に到着する。すでに先着の四張のテントが張られていた。M君が微かに聞こえる携帯ラジオで苦心して天気図を描いている。気掛かりな台風はどうやら釧路沖に抜けるらしく、明日は曇り時々晴れの予報と朗報をもたらしてくれる。

沢を七分ばかり下って水を汲み、飯を炊き、H君持参の缶ビールで乾杯。雨が気になるのでほろ酔いのうちに五人用のテントにザックを敷き詰め、六人が雑魚寝でシュラフに潜るが、蒸し暑くてたまらない。

隣のテントは音更山を越えて石狩岳を往復する予定で準備が騒々しく、まだ暗い四時過ぎに目が覚める。石狩岳は雲に覆われているが稜線はかすかに見える。雨なら停滞と決め込んでいたのだが、テントから這い出し、残飯の粥をすすって早々に腰を上げる。

急な登りに差し掛かると、雲間から朝日に映えるニペソツ山や石狩岳が姿を現し、眠気も一気に吹き飛んでしまう。先発の若者たちの足並みは早く、もう音更山の頂上に達している。緩やかな砂礫帯を登り、一等三角点の音更山に七時半に到着する。

大展望に満足し、対峙する石狩岳に登るため吊り尾根を下る。黒々とした岩を伝い、帯広方面の十勝三股から登ってくるシュナイダーコース分岐の鞍部に着く。熟年者パーティーが賑々しく登ってくる。彼らと前後しながらあえぎあえぎ登り、ガンコウランの黒い実を口にして喉をうるおす。

石狩岳の頂上に到着。越えてきた音更山はどっしりと大きな山貌で、大雪山に続く尾根には化雲岳の頂きが擡げ、白雲岳、旭岳、トムラウシ山は靡く雲間に遮られている。これから辿る狭い尾根路にそそり立つ小石狩岳、川上岳、ジャンクションピーク。そして一段下には今夜の幕営地沼ノ原が拡がり、大沼の水面がキラリと光って見える。オプタテシケ山から十勝岳は雲に覆われ、裾野の下ホロカメットク山は三角錐に抜きん出て、その奥の日高山脈は波頭の如く続いている。槍の穂先を天空に突き上げたニペソツ山は、ここからの眺めが圧巻で、平坦な頂きが連なるウペペサンケ山を従え、クマネシリ山塊へと続いている。

炎天下の尾根道をガンコウランの実を口にしながら下る。晴れ間から大雪山連峰を飽かず眺めながらジャンクションピークに達すると、沼ノ原から交差縦走でやってきた仲間と出会い、茶を沸かして昼食とする。

ジャンクションピークはニペの耳とも称され、その西峰の一八八〇メートル地点から最低鞍部一二八九メートルまでを、ハイマツ帯からダケカンバ帯、そしてササヤブ帯へと一気に下らなくてはならないので難儀する。元気な若手はどんどん下り、派手な服装も見る間に小さくなっていく。途中、リンドウの花やシラタマノキの白い実が心をなごませてくれる。急斜面なのでダケカンバやササにすがりながら下る。最低鞍部ではリーダーが待っていてくれた。このあたりは長いササが密生し頭上をすっぽり覆い、根曲り廊下と呼ばれている。所々踏み跡が交差していて、迷い込んだら道を見失うこと必至である。

ヤブを掻き分け沼ノ原への最後の登り返しの一四〇メートルの高度差にはへこたれる。テントを背負ったリーダーにまた先行してもらう。ザックの脇にくくりつけたポリエチレンマットはヤブ漕ぎでズタズタにちぎれていた。荷を降ろして休む回数も増え、陽も傾き、辿ってきた石狩岳の紅葉連嶺はいっそう色づいて見える。

平坦な沼ノ原湿原に出て歩みを早める。ヌプントムラウシへの分岐を通過し、五色岳と沼ノ原登山口分岐の指導標に着く。キャンプ指定地はガイドブックには明記されているが、五万分の一地形図には記入されていない。地図に書き込んでおかなかったのが失敗で、左右どちらに行ったらよいのか判らない。ホイッスルを鳴らし「ヤッホー」と叫ぶが反応がない。やむなくクチャンベツ川の下山路に向かって歩きながら大声で叫び続ける。しばらくして風上の五色岳方面からかすかに返事が返ってきて安堵する。

大沼の水辺には三張のテントが張られ、ヤッケを着込んで夕餉の最中。わがパーティーはテントを張り終え、これから炊事に掛かるところ。水面を渡ってくる風は冷たく、汗ばんだ躰も冷えきって震えが止まらない。テントに入り衣類を着込み、昨夜飲み残しのA君の焼酎をごちそうになる。その夜は満天の星空を眺めて寝た。

最終日も晴天、テントの入口を開けると、トムラウシ山は雲の中だが、石狩岳は御来光を背に黒々と山稜を浮き立たせている。陽が高くなるにつれ石狩岳は茶褐色に輝いていく。やがてトムラウシ山の全貌が現れ、東大雪の盟主の名にふさわしくどっかりと聳える大きな山である。

朝食を終えキャンプ地を後にする。最後の下りでは梢越しに屏風岳や赤岳を眺め入る。ニシキ沢を渡ると、大きな葉のミズバショウが黄ばんで朽ちようとしている。沢沿いの川原を辿り、九時過ぎにクチャウンベツ登山口に到着した。

十勝・大雪縦走記

平成四年九月十一日、札幌山の会・折田いづみリーダー宅に二一時三〇分に集合。台風十七号が北上中で、今夜は道東地方を直撃する予報、全道的に暴風雨で家屋が浸水、国道を始め交通網も寸断。それでもリーダーの判断で決行することになった。

見送り隊は佐藤真理事長の車に装備を積込み、萩原健一君が入山現地まで送ってくれる。メンバーは折田いづみ、水田洋、高澤の三名で車に乗り込む。高速道路を車が強風に煽られながら疾走し、美唄あたりから大雨に見舞われる。初日からテントを濡らしては士気にかかわるので、上富良野日の出公園に二三時三〇分に到着し、ロッジのテラスで雨を避けてテントを張る。

第二日　白金林道登山口から美瑛富士避難小屋

十二日、五時に目を覚ますが小雨が降っている。今日の予定を変更し十勝岳望岳台あたりまでと再び眠りに入る。七時を過ぎると公園造成の人達が作業のために集まって来るので、食事もそこそこに七時三一分に撤収移動。白金温泉白樺荘に立ち寄り、林道を二キロほど走ると美瑛富士への林道入口、車道は山に向かって延びているのだが、鎖のゲートがあり、ここで見送り隊の車と別れる。

八時四二分、雨具に身を固め第一歩を踏み出す。砂礫のだらだら林道を汗と雨に濡れながら黙々と歩く。道は右に迂回し、枝道が山に向かう分岐に車が一台駐車してある。ゲート鍵を開けて入山したのであろう。涸沢川から離れ、左に迂回すると美瑛富士避難小屋入口の標識があった。九時三二分、いよいよ登山道に入る。アカエゾマツが植林された道が入り込み、降り続いた雨が勢いよく道を伝って流れ、シラタマが白い実をつけていた。

縦走の装備は重く休憩も度重なる。「小屋まで三キロ」地点一〇時四七分。矮小な針葉樹が雨に煙り、重なり合った大きな岩を渡り、ハイマツやお花畑が地衣を縫っている。このあたりは「天然公園」と称されている場所なのだろうか、晴天であればさぞかし美しく、気持ち良いコースである。「小屋まで一キロ」一二時通過。雨は益々激しさを増す。水無川源頭の小さな沢を幾つか渡り、砂礫の急勾配を力を踏みしめながら登り、平坦地に出ると草原の中に避難小屋が雨に煙って朦朧と現れて救われる。一二時三八分着。

壊れかかった小屋に、先程の車の持ち主が一人で停滞中。われわれは二階に陣取り衣類を乾かしながら昼食にする。風雨は激しく小屋を揺っている。一五時五四分に会員の川竹正君が突然現れ皆を驚かせる。稚内の山仲間と計画していたのが悪天で中止となり、望岳台からポンピ沢を越し美瑛富士で霙に吹き晒されながらやって来たのだ。

小屋の二階にテントを張り、その中でEPガスを燃やして衣類を乾かす。夕焼けが窓を覆ったビニールを赤く染めていたが、夜半からまたけたたましく雨足が屋根を打っていた。

第三日　美瑛富士避難小屋からトムラウシ山南沼へ

せめてオプタテシケ山まで登って、その時の天候で縦走の可否を決めようと、三時四〇分起床。リーダーの慣れた手つきで昨夜のスキ焼き、朝の焼きソバは簡単で水を使わず、料理時間も短縮でき、そのうえ美味しく、縦走中はいつも腹を満たしてくれた。

五時、小屋を出ると美瑛富士は雲の中で、石垣山は朝日に映えようとしている。嬉々として縦走路を登るが、行く手ベベツ岳からその先は垂れた雲に覆われている。ベベツ岳前衛峰を経てベベツ岳頂上着五時五九分、斜面は一面お花畑である。一三〇メートル下降し、オプタテシケ山西峰へは二〇〇メートルの登り返しであるが、朝の清々しさで疲れを感じない。西峰を登り切ると雲海から抜け出し、遠く旭岳が初雪を冠し、朝日に映えて美しく歓声があがる。トムラウシ山は遥か彼方で幾重もの山巓が交差していて遠く感じる。振り返ると美瑛富士から十勝岳への連嶺が続き、山麓に樹海が拡がっていた。

　オプタテシケ山頂上を七時二分に通過、小さな突峰を二つ乗っ越すと一気に六〇〇㍍の下降となる。日差しを受けたナキウサギが岩場で鳴きながら活動を始める。北斜面では遅くまで雪渓が残っているので、既に稜線尾根では枯れている花も、ここでは開花期である。ウサギギク、アキノキリンソウ、ヨツバシオガマ、エゾツツジ、チングルマ、イワギキョウ等が咲いていた。

　双子池ではテントが二張り設営されているのが手に取るように俯瞰できる。池のある最低鞍部の手前がキャンプ指定地なのだ。双子池八時四〇分。そこでは旭川と美瑛の山岳会員六人が合宿し、昨日は悪天をついてチエンソーを持ち上げ、双子池からコスマヌプリに向かって登山道のササヤブ刈りを行っていた。休日中は作業を続けられ、奉仕とはいえ頭が下がる思いである。お陰で濡れずに一五六九㍍地点まで進むことができた。九時一〇分振り返るとオプタテシケ山は富士型に均整の取れた美しい頂が聳えていた。

　ゆるやかなササヤブを漕ぎながら登り詰めるとハイマツ帯となり、一六六八㍍地点で九時五二分、展望は開け左手に硫黄沼が見下ろせる。美瑛川が複雑に縦走尾根に食い込んでいる。右手の足下トノカリウシュベツ川は広々とした湿原をなし、その先のユウトムラウシ川は深く切れ込み、衝立状の派生尾根の上にどっかりとトムラウシ山が聳えている。コスマヌプリに向かってなだらかな斜面を下る。日差しを受けた草地にはアザミ科に属するものが数種見られた。コスマヌプリ一〇時二七分、ツリガネ山との中間鞍部一〇時五七分通過。一五五八㍍ピークは三角錐に突起した頂で、北西側に垂直に切れ落ちている。危険防止に鉄鎖が張られるのか、鎖と工具類が荷揚げされ積まれてあった。

　単調なハイマツ尾根を通りツリガネ山一二時一〇分。振り返るとオプタテシケ山は雲の中、行く手キャンプ地のある三川台は指呼の間で、黄金ヶ原は一面紅葉である。高度差二〇〇㍍の下りとなり、最低鞍部の一五〇七㍍近くに幕営跡がある。強風雨の避難場所なのだ。一八〇〇㍍台地の三川台では風当たりが強く、むしろここの方がよいのではなかろうか。ユウトムラウシ川源頭の黄金ヶ原から一気にカール状の断崖をなして巨岩が露出、湿地帯には池塘が散在し、湿原植物のミズガシワが鬱金色に輝いている。この別天地をユウトムラウシ公園と称されている。

　途中ゆっくり休憩を取りながら素晴らしい光景を愛でる。水田君のザックにはテントや

トムラウシ山頂上にて、左から折田いづみ、水田洋、著者

主食類が入って気の毒なほど重い。もう此処まで来れば安心で自然と歩みが遅々となる。三川台一三時四二分着。いたる所にテントが張られ、水場も僅か源頭を下れば在るのだが、クマと共存するような場所である。何故かしら狩猟の矢毒に使ったトリカブトが鮮やかな群青色で花弁を擡げている。三川台から西に硫黄沼を経て白金温泉に至るコースは、途中美瑛川の橋が落ちて通行止めになっていた。そのコース沿いに鋭い岩稜が三本突き出て、兜岩と称され興味ある山である。

黄金ヶ原稜線の左に広々とした湿原やクワウンナイ川の樹海を眺め、右にユウトムラウシ川源頭の池塘を俯瞰。最低鞍部に沼があり、水面に晴れあがったオプタテシケ山が映えている。一八四〇メートル地点一四時三一分、休憩を取りハイマツとウラシマツツジの続く尾根路を最後の力を振り絞る。南沼一五時五分、キャンプ地への登りは岩盤を辿るが、新雪が残っていて、口にほおばり喉を潤しながら登る。一五時五分に南沼キャンプ地に到着する。

先着のテントが二張あって、われわれは最上部に設営、川竹君がテント設営を担当。他の三人は早速トムラウシ山に登る。空身なのだが息も絶え絶えに休憩が続く。頂上一六時着。旭岳の頂上は雲の中であった。その夜は満月で一晩中テント内は月に照らされ、安堵な眠りだった。

第四日　トムラウシ山南沼から白雲岳まで

十四日三時起床。星が散りばめ月明かりを衝いて四時二〇分に出発。道を埋めている雪は固くその上を行くが、岩の累積した箇所は判然とせず、手分けしてコースを探す。トムラウシ山の西側の巻き道を辿り北沼着四時三七分。日の出前の朝焼けが東の空と沼を赤々と焦がしている。シャッターチャンスとばかりカメラを構え日の出を待つ。四時五八分に石狩岳から陽が昇る。雲は殆ど無く視界は山々が繋がり、台風に敢えて登って来たことが、こんな幸運に恵まれたのである。ロックガーデンと呼ばれる岩石の急斜面を一五〇メートルほど下り、巨岩や沼にハイマツや高山植物を配した日本庭園と称される場所を通り、五時五七分、ウラジロナナカマドやウラシマツツジが真紅な色を添えた美の極地である天沼に達する。

休んでいるとヒサゴ沼から空身で散策している二人がやって来る。六時三二分にヒサゴ沼分岐に差しかかると沼からガヤガヤと大勢のパーティーが登って来るので、その先にと化雲岳台地まで一二〇メートルの登りを急いで歩き、特徴ある岩峰上の化雲岳に七時四分に着いて休憩。岩の突端に登ったり、粉末ジュースの水割りを飲んだり、快晴で白雲岳までは楽々に行けるので、観望を楽しみながら長居が続く。五色ヶ原から沼ノ原を見下ろすと五色岳の向こうに化雲沼があり、化雲平には神遊びの庭と称される高山植物帯が拡がっている。忠別岳石室からやって来た七人組、四人組や一人の登山者と交差するのも連休の賑わいである。

五色岳八時、目指すは忠別岳の登りだけで、忠別川源頭の化雲沢川は大地獄谷から突き上げている岩壁が鋭く聳え、その向こうに新雪を纏った旭岳、後旭岳、間宮岳が横たえ、明日はその先を越えなければならない。八時四二分に忠別小屋分岐通過。忠別岳の頂上は直ぐそこなのだが、砂礫の道をジグザクに登り、汗を流しながら休む時間も長くなり、九時四〇分頂上着。

昼食は餅をゆで黄粉とゴマの安倍川餅を堪能、するとキタキツネが餌をねだって居すわる。札幌山の会では各班に分れて大雪山を交差登山中なので、トランシーバ交信予定は一〇時なのだが、稲澤薫会長と山田鉄義パーティーの交信が傍受できた。山田パーティーは平ヶ岳を通過中、稲澤会長と原田明氏は全員の中継連絡が取れたので白雲岳から高原温泉に下る。秋元�夫副会長は高原温泉から登って御鉢平に向かっている。われわれの現在地も連絡が出来、明日の出迎え隊も予定通り旭岳温泉と伝えられた。四人組の山田パーティーが登って来たのでようやく腰を上げ、僅か下った所で水島澄子さんが両手を上げて出迎えられ、大粒の葡萄とレモンを御馳走になる。やがて山田、内海恭子さんが現れ、一〇時三〇分合流に成功する。

あとは平坦な高根ヶ原をたんたんと白雲岳避難小屋まで歩むだけである。忠別沼を辿るとリンドウが群がり咲いている。平ヶ岳一一時一一分に通過、砂礫帯には枯れかかったコマクサが散見できた。標高点一七一四㍍を少し行った東側にテラスが張出し、雪渓の下に黄色いテントが張られている。そこからは高原温泉の沼が一望でき、北大クマ研のメンバーが観察中で高原沼の登山道にクマが居るのを教えてくれた。川竹君所持の望遠鏡で確認でき、肉眼でも見えた。折田リーダーは執拗に写そうと居すわる。キタキツネがまた近寄って愛嬌を振りまく。高原温泉分岐一三時、指導標には「クマ出没中のため当分の間通行しないで下さい」と、ヒグマ対策連絡会議が警告板を掲げていた。

左右に小白雲岳と緑岳が迫り、ハイマツ帯を登り一四時六分に白雲岳避難小屋に到着する。キャンプ地にテントを張り、私は小屋に泊まり、今宵は広々とした室内でくつろぐことにする。秋元君持参のワイン、山田君持参のウィスキーや酒で満腹し、夜食も御馳走になる。一九時を過ぎると他の宿泊者は寝てしまう。あたりを気にしながら早々にシュラフに潜るが、隣人のイビキと歯ぎしりがうるさく、なかなか寝つけずテントの方が良かった。

第五日　白雲避難小屋から旭岳に登り姿見の池へ

十五日四時一七分起床しテントに戻る。やがて皆は起き出し御来光を見に緑岳に出掛ける。キャンプ地から突き上げている白雲岳の側壁は朝日に染まっている。朝食を終え、秋元副会長の見送りを受けて五時三〇分、最後の目的地に向けて出発する。白雲分岐五時五三分、折田リーダーは単独で白雲岳に三〇分余で登って来る。ヒグマ調査隊の三人が白雲岳に登って行く。昨日は旭岳南麓でクマが確認出来たので、その追跡調査なのだ。

六時二五分、大雪山彙の眺望に感動しながら下る。砂礫が切れ込んだ忠別川源頭のユウセツ沢川には雪渓を埋め、なだらかな登り返しで、高曇りなのだが通り雨に見舞われる。北海岳七時七分、松田岳七時二六分、荒井岳七時四一分、間宮岳七時五一分とたんたんと御鉢めぐりコースを辿る。御鉢平を取り巻く山々は新雪をまだらに纏っているが、間宮岳頂上と旭岳南面は深々と積もっていた。旭岳の登りで黒岳に向かう外国人ペアーと行き交う。

旭岳頂上着八時五二分、見下ろすと続々と鈴なりに登山者が登って来るではないか。食事を平らげ九時四分下山開始。姿見石室九時五二分、ロープウェー駅着一〇時五分であった。

旭岳温泉に浸かり、一一時に佐藤理事長がお子さん二人を乗せた車で出迎えを受け、縦走出発地点の十勝岳望岳台に戻り大観望を堪能。札幌に帰着したのは一九時であった。

国立公園大雪山・勝仙峡　敷島滝
（『大雪山国立公園の代表的渓谷美勝仙峡の所々』和歌山・TAISHOPHOTO）

遥かなる頂へ　下ホロカメットク山　1668メートル

パナクシホロカメトクヌプリ

この山は大雪山国立公園にあって、十勝川源流の山奥に聳え、南富良野町と新得町の境界に、均整の取れた三角錐の美しい山容を見せている山。しかし、峰頂部はハイマツとブッシュに覆われ、顕著な沢がなく、雪積期以外に登るには困難な山であった。

明治期の古い地図には十勝岳の南側にカムイメトクヌプリ、ペナクシホロカメトクヌプリ、パナクシホロカメトクヌプリが蒼然と並んでいる。また、大正七年の大相撲番付に見立てた「北海道百番付」の山岳篇では、ペナクシホロカメトクヌプリは東の大関で、パナクシホロカメトクヌプリは西前頭七枚目にあって、その山名からして以前から深い関心を持たれていた。

当時の地名は、アイヌ語の発音をそのままカタカナ書きで地図に記載していたので、パナクシ＝川下、ホルカ＝後戻りする、エトック＝突き出る、ヌプリ＝山で、つまり、アイヌの人たちは川は海から山に流れ込むものと考えていたので、山に向かって流れる川が、ぐるりと後戻りして海の方に流れ、その水源に聳える山を指していたのである。

地図を広げてみるとよく分かる。十勝川上流の枝川がぐるりと方向転換し、その川上にペナクシホロカメトクヌプリ（現在の上ホロカメットク山）があり、川下にペナクシホロカメトクヌプリ（現在の下ホロカメットク山）が聳えている。

山名に魅せられ、いつかは登ってみたい山であったが、あまりにも山麓は拡大で、ヤブ深い未開の地であり、敬遠していた。

畏友の新妻徹氏は宗谷岬から襟裳岬に向かって脊梁山脈縦走を続けている。それも主要山岳は丹念にも縦横に辿って結ぶのである。十勝山系から日高山脈を結ぶには、この道の無い険悪な下ホロカメットク山を通過しなければならない。

最近になって、この十勝川源流の森林帯は、伐採のために林道が開削され、ここから十勝岳東面に登山道がつけられた。この山域に車で何処まで入れるのか、平成六年九月に彼に誘われ調査に出掛けた。まず新得町のトムラ登山学校を訪れ、校長先生から道路状況の説明を受け、奥地まで延々と通じているのに驚きながら、その可能性を探った。

明けて正月、奥地の電力会社測水所まで除雪されているので、そこからスキーで境山と

下ホロカメットク山東面（平成７年５月４日　撮影）

下ホロカメットク山の鞍部まで行って偵察してきた。そして五月に新妻氏ら二人は境山を、私たち四人は下ホロカメットク山東面の大雪渓から頂上に登って、明年の縦走に備えた。

平成八年ゴールデン・ウイークに新妻氏ら四人パーティーは上ホロカメットク山を起点に境山を経由して南下。私と鳴谷節夫氏は、逆に下ホロカメットク山南東面から上川と十勝の境界線尾根を忠実に辿り、頂上で彼らを迎えるために登った。

その日は薄い霧が立ち込め、ウグイスの囀りも賑やかなので、快晴を約束したかのようである。幕営地の静水橋を出発し林道を辿る。見事な針葉樹林とダケカンバの疎林が混合し、林道越しに雪深い下ホロカメットク山や黒々と岩肌を剥き出しにした境山が望まれる。

日差しが温かくなると、小鳥の鳴き声は一層甲高くなる。ユウ十勝川支流の赤沢源頭部は湿地帯で、幾筋もの流れが派生し、そこを残雪を伝わって横断する。冬眠から覚めたヒグマが、今しがた水を飲みに歩いた大きな足跡があり物騒な所である。本流は川幅が広く、スキーで渡れず、倒木や石を伝わって渡渉する。

九一五㍍の舌状台地に出ると、眼下に雪に覆われた沼が見下ろせる。ここから急な登りとなり、登るに連れ視界が開け、ニペソツ山、ウペペサンケ山、石狩岳などが朝日に映えて美しい。見上げる下ホロカメットク山は覆いかぶさるように山頂が迫り上がり、稜線には黒々とハイマツが茂り、雪渓をどう辿ったらよいのか迷い、地図上に雪渓をスケッチして検討する。

鳴谷さんはどんどん高度を稼ぎ、頂上直下のハイマツ帯でスキーをデポしている。私はスキーが苦手なので、かなり下でデポして、ツボ足で快適に登って行ったが、ハイマツ帯に達すると雪は軟らぎ、ズブズブと腰まで埋まり足を取られる。ハイマツの上を漕いでみるがなかなかはかどらず、手足が疲れるばかりである。雪渓を辿って鳴谷さんの足跡を追うが、時折り腰まで没し難渋する。
頂上直下の雪渓に四人組が憩っている。昨夜、近くで幕営していた札幌のパーティーで、私たちが昨年登った北東の大雪渓から登ってきたのだ。最後の登りは僅かハイマツを漕ぎ、二等三角点の頂上に立った。北西面から新妻氏らが登ってくるのだが、斜面が急で下まで覗き込めない。鴫谷さんは心配して何度もコールを掛けていたが、声が風に遮られ届いていないのであろう。その内に微かに叫び声が聞こえ、急いで下ってみるとハイマツの中を登っているではないか。「ヤァー、ヤァー、ご苦労さん」とスキーを受け取って担ぎ上げる。主脈縦走途次であるが、私たちは感激しきりであった。綿々と連なる十勝岳連峰の大観望をバックに記念写真を撮り、風を避けて西側の日だまりで昼食とする。

下山はわれわれの登ったトレースを伝う。スキーを担ぎ上げた縦走パーティーは一気に滑降して行く。私はスキーデポ地から、かなりの傾度があったが、軟らいだ雪面を埋まりながら滑って、無事幕営地に戻り着いた。

その夜は念願叶って、遅くまで美酒に酔い痴れながら歓談が続いた。

ニペソツ山頂上より小石狩岳
（『北海アルプス　大雪山絵葉書』大雪山調査会発行）

高山植物の咲き誇る北大雪の比麻良山

比麻良山、これはヒマラヤマと読む。戦後のヒマラヤ・ブームにあやかって名付けたものではない。大正五年五月に参謀本部陸地測量部が測量したときに、三等三角点の標石に付けた名前が「比麻良山」だったのである。

この山にコマクサの開花期をねらって出かけることにした。かつて駅逓のあった北見峠に立つと、北にチトカニウシ山（一四四五・八㍍）南に天狗山（一五五三㍍）が抜きん出て聳えている。

その日は天狗岳スキー場近くの白滝高原キャンプ場のログハウスに泊まり、焚火を燃やし、夕暮れを待ちわびながら盃を傾ける。松林の梢越しに三日月が認められたが、やがて深い霧が立ち込め、赤々と燃え上がる炎が夕闇に映えた。

翌朝、霧の中の目覚めである。早早に食事を済ませ、奥白滝—上支湧別線を車で走行。登山口は広いスペースで「ひらやま登山道入口　頂上まで二・八㌔」の標識がある。平山（一七七一メートル）は比麻良山と同時に測量された三等三角点で、このあたり一帯はなだらかな起伏なので、二万五千図には「平山」と記載されている。登山道のぬかるみには、丸太を輪切りにして歩幅に敷きつめられ、手入れが行き届いている。

シダ類は繁茂しヤマハハコやトリカブトが蕾をもたげている。支湧別川に沿って順調に高度を稼いで行くと、落差一〇メートルほどの行雲ノ滝が現われる。続いて豊富な水量で勢いよくしぶきをあげて落下する冷涼ノ滝、そして源流部にも幾つか現われる。道沿いにはハクサンナズナ、キバナノコマノツメが咲き、ミヤマハンショウズルが蔓を延ばしている。雪の消えた沢沿い一帯には黄色いエゾノリュウキンカが群がっている。

若い登山者と行き交う。「朝四時半から登り始め、一二〇〇メートルから上は見事な雲海で、青空の彼方にトムラウシ山が見えました」と感激の面持ちで話してくれた。汗ばんだ軀を拭いながら、早く頂上へ登らなければと気持だけがあせる。

ミヤマアキノキリンソウがもう咲き始めている。沢にそって長々と雪渓が続き、雪解け水が轟々と音を立てて流れている。その雪渓に点々とついている足跡を辿って登る。距離にして四〇〇メートルもあろうか。振り向いて下をのぞくと目がくらむ。やっとの思いで登山路が続く笹薮帯に達すると、矮小なダケカンバやウラジロナナカマドの根元にウコンウツギ

岩塊がせり上がった比麻良山頂上

が咲いていた。岩石が露出し休憩にほどよい所にモミジカラマツやエゾコザクラが開花している。

少し登ると第二雪渓が一〇〇メートルほど続き、そこからは左に武利岳（一八七六・二メートル）武華山（一七五八・五メートル）の連山が、遠く墨絵のように霞んで眺められる。右手にはこれから登るなだらかな稜線上に比麻良山がピークをのぞかせている。ハイマツ帯になるとチングルマやメアカンキンバイが色を添える。

ひらやま分岐の稜線に出るとさすがに展望はよく、雲海の上に拡がる表大雪の山々、そして間近にニセイカウシュッペ山（一八八三メートル）が大槍、小槍を従え、さぞかしこ

比麻良山頂上よりニセイカウシュッペ山

こからの御来光は見事なものだろう。

一服して尾根道を北にとり比麻良山に向かう。イワブクロやコマクサが随所に見られ、エゾツツジ、クロトウヒレン、イソツツジ、マルバシモツケなども咲いていた。開花期が過ぎたキバナシャクナゲは花弁は朽ちていたが、見事な群落である。

この稜線でいちばん高い一八一一㍍の起伏は比麻奈《ひまな》山と名付けられている。ここからニセイカウシュッペ山の稜線に向かって途切れ途切れに踏跡が見える。切れ込んだ痩せ尾根で途中に岩瘤が二個所あり、その先に無名の一八三〇㍍の鋭い岩峰が立ちはだかるこのルートはかなり険悪なようである。

なおも平坦なハイマツの道を辿り、岩塊がせり上がった比麻良山の頂上に達する。ニセイカウシュッペ山の東面は、湧き上がる白雲に見え隠れしながら険しい様相で屹立し、Y字状に幾筋も沢が切れ込み雪渓が埋めている。展望を期待しながら休憩し食事をとるが、なかなか全貌を現わしてはくれなかった。

帰路も花を愛でながら、あたかも空中漫歩といったところである。ひらやま分岐に帰り着いたが、まだ時間があるので平山まで足を延ばす。今まで見られたのはヨツバシオガマだったが、今度はタカネシオガマの群落である。

平山頂上から眺めるニセイカウシュッペ山北西面は、小槍、大槍、本峰、無名の前衛峰、そして比麻奈山に続く痩尾根が捨てがたい。

飽かず眺めを堪能し、帰途は高山植物の咲き誇る平坦な道を淡々と歩み、分岐から雪渓を辿っていると、漂っていた怪しげな雲からぱらぱらと雨粒が落ちてきて、濡れた道を難儀しながら下ることになった。

十勝岳より化雲岳を望む（『北海アルプス　大雪山絵葉書』大雪山調査会発行）

高山植物盗掘で入山が厳しい扇沼山

扇沼山は大雪山系トムラウシ山の黄金ヶ原から西に延びる尾根上にある。オプタテシケ山からトムラウシ山に至る稜線の西側を美瑛川が流れ、急崖の麓には原生林に囲まれたカール状の硫黄沼（扇沼）が形成されている。

大正五年四月、陸地測量部が美瑛川から扇沼を経て登り、一六一五・二㍍の三角点を埋石し点名を扇沼山としたのが、なだらかな尾根の一部なので、その名は地形図に記載されず、忘れられた山になっていた。

昭和二十九年九月二十六日、猛威を振るった台風十五号が北海道一体の樹林を壊滅状態になぎ倒し、その風倒木処理のため美瑛川沿いに林道が開削されて扇沼には休憩小屋が造られ、尾根伝いにトムラウシ山まで登山道がつけられた。

私が平成四年九月に十勝岳から大雪山に縦走した際には、分岐点の三川台《さんせん》に標識があり、「硫黄沼を通って白金温泉に出るコースは美瑛川の橋が流失のために通行出来ません。昭和五十六年七月一日」と書かれていた。

平成十三年一月から『道新スポーツ』で「ふるさとの山めぐり」の編集を担当し、北海道各地の知られざる山々を連載した。その時、旭川の渡部實氏から「扇沼山（一六三〇メートル）」の応募があり、この山が高山植物が豊富で容易に登れることを紹介すると、その反響は大きく、多くの登山者が訪れるようになった。

私はまだ登っていなかったので、何としても登ってみたかった。執筆者の渡部氏にお願いして案内を乞うと硫黄沼の前景に見事なオプタテシケ山の写真が送られてきた。

扇沼山登山が実現したのは平成十四年七月六日。その日、東川町キトウシ森林公園に仲間一八人が集まり野外で炭火焼のジンギスカン、差し入れられた地元の超特級酒「一夜雫」の旨さに酔い痴れた。

翌日はあいにく雨だった。東神楽町から美瑛町に入り、辺別川《べべつ》沿いの長い林道を、二箇所のゲートを開け、奥深く標高一一〇〇メートルまで入ると登山口だった。

聞くところによれば、この道は高山植物盗掘のためのドロボウ道だったようだ。刈り分け道は歩き易く、ゴトウズルやエンレイソウ、ヒメイチゲなどが咲いている。鬱蒼たる樹林帯を辿って行くと、突然、大きな岩が累積する岩稜帯が現れた。四つん這いになりなが

高山植物盗掘で入山が厳しい扇沼山

扇沼山より硫黄沼を眼下にオプタテシケ山

ら、岩を伝い、ハイマツのトンネルを潜り抜けると一六三〇メートルの頂上に出た。そこには旧宮内省御料局時代の測量三角点（明治四十三年六月造標）があり、ケルンが積まれ、辺り一面に高山植物が咲いていた。ここまで僅か二時間で登って来られた。トムラウシ山への旧道は、数年前に生い茂ったハイマツを伐採したので、ここからの登山者が増えているという。

　時間が十分あるので、その道を花を愛でながら漫歩する。所々盗掘跡があるものの、キバナシャクナゲ、チングルマ、メアカンキンバイ、イワヒゲ、ミヤマシオガマ、エゾコザクラと咲いている花を書いていくと枚挙にいとまがない。

立ち籠める白雲に硫黄沼は見下ろせないが、急崖の山肌には残雪が横たわり、周囲は高山植物の群落で正に豪華絢爛、色とりどりに今を盛りと咲き競っている。晴れた日に訪れてみたいが、入り組んだ林道、それに森林管理事務所で入林手続きをして鍵を借りなければならず、簡単には登れそうもない。

往路を戻り、頂上で憩っていると、一瞬、雲間から屹立するオプタテシケ山が現れ、皆で歓声をあげた。来し方を見下ろすと、群青色の針葉樹林が煙るような白雲を靡かせて美しかった。

その年、七月十二日から四日間、国連が定めた「国際山岳年」の行事として、旭川市を中心に「山岳エコツーリズム　フェスティバル」を開催。大雪山モデル・エコツアーとして扇沼山が組まれ、高山植物の盗掘についても討議された。

八月に北海道知事から日本山岳会北海道支部に、大雪山系の高山植物盗掘防止パトロール業務の要請があり、私は交付された「高山植物パトロール」の腕章を付け、新聞に紹介した罪滅ぼしに扇沼山を担当することにした。

平成十五年六月下旬、山頂にテントを張って最初のパトロールを実施。登山口にはツアー客のマイクロバス一台とマイカー五台が駐車してあり、相変わらずの人気である。

天候は次第に晴れて、昨年眺められなかった山が次々と現れる。眼下に硫黄沼、美瑛岳を挟んで遠く噴煙を上げる十勝岳。尾根はオプタテシケ山からトムラウシ山へと続く。樹海が広がる忠別川を隔てて旭岳を主峰とする大雪連峰も一望の大観望である。

翌日は雨。盗掘現場を写真に撮り、メモをしながら見て回った。開花していたのは三七種、これから咲く蕾は、次回巡視者に継続調査を委ねることにする。十勝—大雪縦走路の三川台まで行ってみた。三年前に旧道復活のために伐採されたハイマツはそのまま放置され、急斜面の裸地につけられた道は、雨天の際に滑落の危険がありそうだ。三川台ではキャンプ跡が何箇所もあり、用足しにヤブを漕いだ踏跡が幾筋もついていた。

扇沼山に戻ると雨の中を登山者が二人登っていた。日曜日なので午前中に多くの登山者が登ったらしく、雨で泥濘となった道を避けて、植物を踏み荒らしていた。今後はオーバーユースにならぬよう対策を講じ、見守っていく必要がある。

蓬莱岩より大雪山を望む（左より黒岳、桂月岳、凌雲岳）
（『日本百景　層雲峡絵葉書』大雪山調査会発行）

然別湖の湖岸に聳える魅力ある白雲山

武内正著『日本山名総覧』（白山書房）によると、白雲山は全国に三座ある。一番高いのは北海道上士幌町の一一八六メートル、次いで群馬県松井田・妙義両町に跨がる一〇九〇メートル、そして岐阜県大和町の五二〇メートルである。

北海道の白雲山は大雪山国立公園の風光明媚な場所にあり、国立公園唯一の自然湖「然別湖」が標高八一〇メートルの高地にあって真夏でも気温は二〇数度、涼しい、人気のある名所なのだ。然別湖周辺には東ヌプカウシヌプリ、白雲山、天望山などの山が連なり、氷河期の生き残りである鳴き兎に出会える魅力もある。さらに奥地には東大雪の名峰、ニペソツ山やウペペサンケ山が聳えている。

作家田中澄江が昭和五十五年七月に『花の百名山』を出版、その年の読売文学賞を受賞。平成四年七月に『花と歴史の50山』を出し、その中に〈白雲山はやたらに花の多い山で、七月の半ばであったせいか、登山口のカラマツや白樺林の下草にツリガネニンジンやエゾトリカブトやシオガマギクの賑やかな出迎えがある……〉と讃えている。

この山は湖岸に聳える魅力ある山で、前々から登る希望を抱いていた。老齢で足腰が弱くなり自信が無かったが、「途中で登れなくなったら、リーダーが付き添って下りますよ」と、馴染みの人達に誘われて参加した。

平成二十四年九月中旬、JR札幌駅から大型バスに二二人が乗車、ゆったりとした席だった。大雨だったが道東自動車道で十勝側に抜けると霧。鹿追町から白樺峠を越し、幽閉な駒止湖を抜けると然別湖、そこが白雲山の登山口。一一時半に出発し、湖岸から急坂のジグザグ道を、霧雨に濡れながら高度差三〇〇メートル登るとなだらかな尾根となる。

あたりはトドマツが真っ直ぐに伸び、地表の倒木は苔むし、五センチほどの幼木が育ち、さまざまな茸が生育していた。僅かに目にした花は、枯れかかった葡萄色のエゾオヤマノリンドウ、白いヤマハハコだった。

尾根から一旦下がって、真っ白いダケカンバ樹林が霧間から山頂へと導いてくれる。最後の斜面は大きな岩が積み重なり、四つん這いで登る。この岩場に鳴き兎が生息しているので、ピチッ、ピチッと鋭い声が聞こえるが、鳥なのかも知れない。頂上は凹凸の岩峰に赤地の板に白文字で「白雲山　標高一一八六米」と記された標識が立っていた。高齢者揃

白雲山頂上の岩場

いだが一時間四五分を要して登れたのだ。

この一帯は然別火山群で、石狩山地と十勝平野の境界に数万年前に生じた安山岩質熔岩ドーム群が、ヤンベツ（冷たい意味）川を堰き止め然別湖を形成した。熔岩ドームは白雲山、展望山、東・西ヌプカウシヌプリなど十山で形成している。

下山に掛かると、樹木の間から延々と曲がりくねった然別湖が望まれ喚声があがる。登山口に戻ったのは一五時四〇分だった。

翌日の天望山登山は腰の痛みが増したので断念、濃霧の中を遊覧船で湖を一周。そして湖畔にある水原秋桜子が昭和三十八年に訪れて詠んだ／**葛しげる霧のいづこぞ然**

頂上から少し降りると然別湖が眺められる

別／や、平成八年六月八日と記された金子兜太の／初夏の月放ちてくちびる山幼し／（くちびる山＝天望山のことで湖面に映ると唇のように見え、白雲山より標高が低いので＝山幼し）の句碑を巡った。

今回の山旅で感動したのは、温泉ホテル「風水の湯」が、ナトリウム―塩化物・炭酸水素温泉であり、効能は筋肉痛、関節痛などで、私の腰痛には効果があったことだ。それにも増して豪華な料理はよかった。

この然別湖が世に知られるようになったのは明治四十年代、当時は山腹を縫って刈り分けて林道が湖まで付けられ、大正十二年に湖畔温泉宿に湯治客が訪れるようになる。この年の七月に慶応義塾大学の大島亮吉がこの付近の山々を徘徊した。翌年十二月発行の『登高行』第五年から要約すると「私達は丁度ヤンペッ沼に注ぐ入口の水辺にあったアイヌの魚釣り小屋だという笹小屋で一晩すごした。夜中にうす寒くなって眼がさめたとき、空は重たく曇って沼の小波《さざなみ》の岸辺を寄せる湖のかすかな水の音とともに、すぐ傍らの暗い鬱蒼たる森のなかでは梟がしきりとあの古びた寂びのある声でほう、ほう、と啼いていた。それはまるで太古のような夜だった。それで一層陰鬱な気分が身に染みたのだったろう。沼の岸にわずかに歩ける程度の深林の苔むした間を切明《きりあけ》がついていた。この沼は十勝平野の方から東・西ヌプカウシヌプリの間の峠を越えてくるにははっきりした路がついている」とある。

また、当時あった瓜幕駅逓に泊まって西ヌプカウシヌプリに登り、北大スキー部刊として『山とスキー』という市販雑誌を出版していたので、翌十三年九月発行四一号に「平原の上に聳ゆる山」を発表。開拓当時の鹿追の人達や風景などを細やかに述べている。

平成二十二年十月、地元有志でこの大島亮吉の功績を讃え、旧駅逓跡に顕彰碑を建立。碑文の題字は高橋はるみ北海道知事が揮毫。私達は帰途、その大島の顕彰碑を訪れて功績を偲んだ。

右岸岩壁上より石狩川を隔て、大雪山中の黒岳を望む
（『日本百景　層雲峡絵葉書』大雪山調査会発行）

西クマネシリ岳

アイヌ伝説のオッパイ山

大雪山火山彙の南東に然別火山群があり、その中央部にピリベツ岳（一六〇二メートル）、西クマネシリ岳（一六三五メートル）、クマネシリ岳（一五八五・九メートル）、南クマネシリ岳（一五六〇メートル）が連なり、峰々の頂部は溶岩円頂丘をなしているのが特徴。鮮新世末期から洪積世初期（約二〇〇万年前から一万年前・地球上に広く氷河が発達した氷河時代）の輝石安山岩で構成されている。山名の由来はアイヌ語で、クマネ＝乾棚、シリ＝大地、物干し竿のように延びている山を意味する。ピリベツ岳のピリ＝うずまき、ベツ＝川である。

上士幌町三股市街から西クマネシリ岳とピリベツ岳を望むと、女性のそれと似ているので、いつしか「オッパイ山」と呼ばれるようになった。ローマ時代の守護女神ヴィーナスを想像させられる、溶岩円頂丘とはいえこれほどまでに自然の素晴らしい造形には感動させられる。

山本多助著『オッパイ山　カムイ・ユーカラ』は昭和五十八年に上士幌町役場から発行された。それによると

「国土造りの神々が人間を造ったとき、女性である造化の女神をまねて造られたというオッパイ山、古代アイヌ民族から語りつがれたユーカラ。この山を見るとだれもがオッパイに見える。オッパイ山の旧名称『カムイ（神様の）・テケカラ（手造りの）・トプル・カ（一対の）・プ（乳房）・ヌプリ（山）』と訳されている。私はこの地、大雪山国立公園の西部、上士幌町三股地区がユーカラで語られるアイヌ・ラックル神の生まれ故郷、アイヌ民族発祥の地、アイヌ民族―大聖地だと確信したのです」

と著している。

山本多助（一九〇四〜九三）は屈斜路湖畔や阿寒湖畔で木彫りの制作・販売を営み、民族の権利回復やアイヌ文化の保存・伝承活動に力を注ぎ、昭和六十年に北海道文化賞、地域功労者文部大臣表彰を受けた。

オッパイ山　カムイ・ユーカラ
（山本多助著　昭和57年３月役場発行）

ニペソツ山からピリベツ岳（左）、西クマネシリ岳（右）
（平成13年８月６日　撮影）

西クマネシリ岳頂上よりピリベツ岳
（平成26年９月27日　撮影）

このオッパイ山は昭和四十六年に国道二七三号が、上川〜十勝三股間が開通し、三股からの登山者が増えている。私がこの山に登ったのは、紅葉真っ盛りの平成二十六年九月末で層雲峡から三国峠を越え、十勝三股の二キロ手前の三の沢林道を東へ四・一キロ走行し、標高九〇二メートル地点が終点、登山者の車が七台駐車してあった。地形図には西クマネシリ岳から南西に延びている尾根伝いに登山道が記入されているのだが、登山者の踏み跡は川沿いに続き、要所要所にピンクのテープが張られ迷うことはない。倒木帯では川を数回渡渉する。大きなフキが群生し、枯れ木にはエノキダケなどの茸が生育していた。

頂上直下の岩場（写真提供・岩田千恵子）

流れが二股となり、そこには旧営林署の廃屋がり、土場からは急勾配の登りとなり、尾根上の登山道に出る。道沿いに白いヤマハハコ、紫のウツボグサ、赤い実を着けたゴゼンタチバナが迎えてくれる。早朝に出発した登山者が次々と降りてきて、頂上からは阿寒や知床の山が望まれたと喜んで語ってくれた。その話に刺激され、足腰の痛みなど弱音を吐いている場合ではない。急な斜面はダケカンバ林、一面は青いササヤブで覆っている。

頂上直下は脆い岩場で、ザイルが張られいる。落石に注意しながら岩場を登るとハイマツ帯で大雪や十勝連峰の展望が開け、頂上の北には相似峰のピリベツ岳が間近に聳えていて感動。登山をサポートしてくれた二人は、持ち上げたＥＰＩガスコンロで昼食をつくってくれ、大観望を堪能しながらノンビリと過ごした。

下山では腰痛のため足の関節に負担が掛かり、足並みは悪化。そこで宿泊は糠平湖の東大雪ぬかびらユースホステルへと向かった。そこの泉質はナトリウム―塩化物・炭酸水素塩泉なので、何度も入浴して酒と美味しい料理に癒やされ、翌日には回復していた。

『峡のかほり』層雲峡の唄　大雪山の唄　層雲閣
（名古屋市神楽町澤田文精社印刷）

ヌタクカムウシュペの石鏃

山の巓に一体誰が一番先に登ったのであろうか。日本アルプスの剱岳の錫杖の謎のように、どの山も同じような興味と疑問を投げかけている。登山史もあまり深入りすると、近代登山から逸脱し古文書さては有史以前の憶測が入り込んでくる。天地創造の伝承神話に至っては手の施しようもない。

ヌタクカムウシュペはアイヌ語で現在の大雪山を総称していたので、この山にまつわるアイヌ伝説は数多い。現在でも観光バスのガイド嬢がメロドラマ化して、乗客を喜ばせている。

大正十三年に大雪山並びにその山域に関する調査研究を目的に大雪山調査会が組織された。その成果として大正十五年七月に小泉秀雄著『大雪山登山法及登山案内』、八月に河野常吉著『大雪山及石狩川上流探検開発史』が、相次いで同会から出版された。

先史時代の項として、小泉は「大雪山と石器時代」、河野は「大雪山頂先史時代の遺跡」

と、それぞれ同じような石鏃の事項を掲載しているので要約しておこう。

大正十三年八月下旬に、塩谷（忠）氏が大雪山中の白雲岳に於て完全な石鏃を一個拾われ、更に翌十四年八月に小泉、犬飼（哲夫）二氏が加わってその山頂一帯を踏査したところ、白雲岳と小泉岳との間に遺物が散在している処を発見した。種々の石器と共に石の破片を多数採集された。そこは海抜約二千百米の高さであって、普通では人の居住すべき処ではない。

大雪山頂に最初に登ったのは石器時代の先住民であることは疑いない。二回目に発見された場所には無数の石器破片が散在していることから、ある期間居住して石器を造っていたことが想定される。この地を中心に狩猟を行なったのであろうか、先住民たちの争いだったのか、敗者が身を隠すためにこの地に逃れたのか、その謎は黒曜石の石鏃だけが知っている。

大島亮吉が大正九年七月に大雪山彙のトムラウシ山を登り、紀行文の「石狩岳より石狩川に沿うて」を著され、その中に興味ある一節がある。

羆の足跡が夥しくある。羆も偃松の中を泳ぐのは嫌いとみえる。突然に後ろから浅市が先に行く嘉助に「ブシ矢に注意しろ、ここはオヤジの道だぞ」と怒鳴って警告を与えた。アイヌはよく山頂付近に羆の通る道を覘って、彼等特有の「トリカブト」の樹根より製した毒矢の仕掛罠をかけていると言うのである。

いずれにせよ先住民であるアイヌの人たちは狩猟を目的として登ったのである。大島が辿った頃は、北海道の開拓が次第に奥地へとすすみ、オヤジ（羆）の住処も豊穀な山麓から山奥へと追いやられ、ブシ矢も山頂近くに仕掛けられるようになった。どちらも大正時代なので興味深い。

『大雪山登山　案内図』旭川市大雪山調査会
（発行年不詳）

雪城山と大島亮吉

明治三十六年内閣印刷局上梓、邨岡良弼著『古代地名辞書　日本地理志料』の北海道河東郡に雪城山が記載されている。実に雪国には相応しい山名で是非存在感を露《あらわ》にしたいものである。因みに明治九年十一月版権免許、同十一年五月刻成発行、編集者滋賀県大島綱吉、出版人京都府田中治兵衛、宝玲叢書第三集『銅板日本地図帳集成』には、河東郡に志狩別岳の一座がある。現在の石狩岳かニペソツ山、或いはウペペサンケ山だろうか、確として実証するものは何もない。

大島亮吉（1899—1928）

加納一郎が戦後「三股高原と上高地」を執筆され、修道社版『現代紀行文学全集』山岳篇上巻（一九五八年）に再録されているが、「三股高原を上高地と対照し、上高地は高原というより谷のふくらみであり、三股はすばらしくスケールの大きな景観である」と讃えている。また大島亮吉は苦労して登った頃の原生林を讃え、北海道の原始景観の移り変わりを著している。

私は昭和四十三年六月二十一日に来道された深田久弥と折よく石狩岳と音更山に登る機会を得た。登山基地である十勝三股で幕営、そこから指呼の間に石狩岳が峨々と虚空に聳え、川上岳や音更山を従え実に壮観である。

深田と登山を終えた翌日、大島ルートである「北海道の夏の山」に著された箇所を、辿れるだけ奥地まで車で入ってみた。然別湖から西ヌプカウシ山の裾野を廻り、シーシカリベツ川沿の道を奥地へと進み、ユウヤンベツ川の然別温泉へも訪れた。大島が訪れた当時はアイヌ親子の二人が温浴していたのだ。この温泉は然別湖畔温泉と紛らわしいので菅野温泉と改称され、立派なホテル様式の建物が増築されていた。ここからウペペサンケ山への登路が開削され、途中からの眺めは実に広大で城壁を誇っていた。

大島亮吉は更にここからシーシカリベツ川を遡行し、ニペソツ山から石狩岳に縦走する計画であったが、ニペソツ山へ続く尾根はハイマツとヤブばかりで、殆ど歩けそうもなく、残雪も見当たらないので断念せざるを得なかった。ニペソツ山に登ろうとした動機は、先年（大正九年）「石狩岳より石狩川に沿うて」で、ニペソツ山を望んだとき、峻険な峰頭は天に向かって聳え立ち、雪城山を思わせる峨々たる山に魅せられたのであろう。

ニペソツ山やウペペサンケ山は、アイヌ語呼称がそのまま引き継がれてきたが、石狩岳は上川側つまり石狩川の上流にある山としてその名がつけられた。石狩岳はもともと現在の大雪山につけられていたのである。従って雪城山はあんがい現在の石狩岳を十勝側から見て呼称したのではないかと推測される。

しかし、雪城山はいつまでも謎の山として、存在感を誇示して貰いたい。

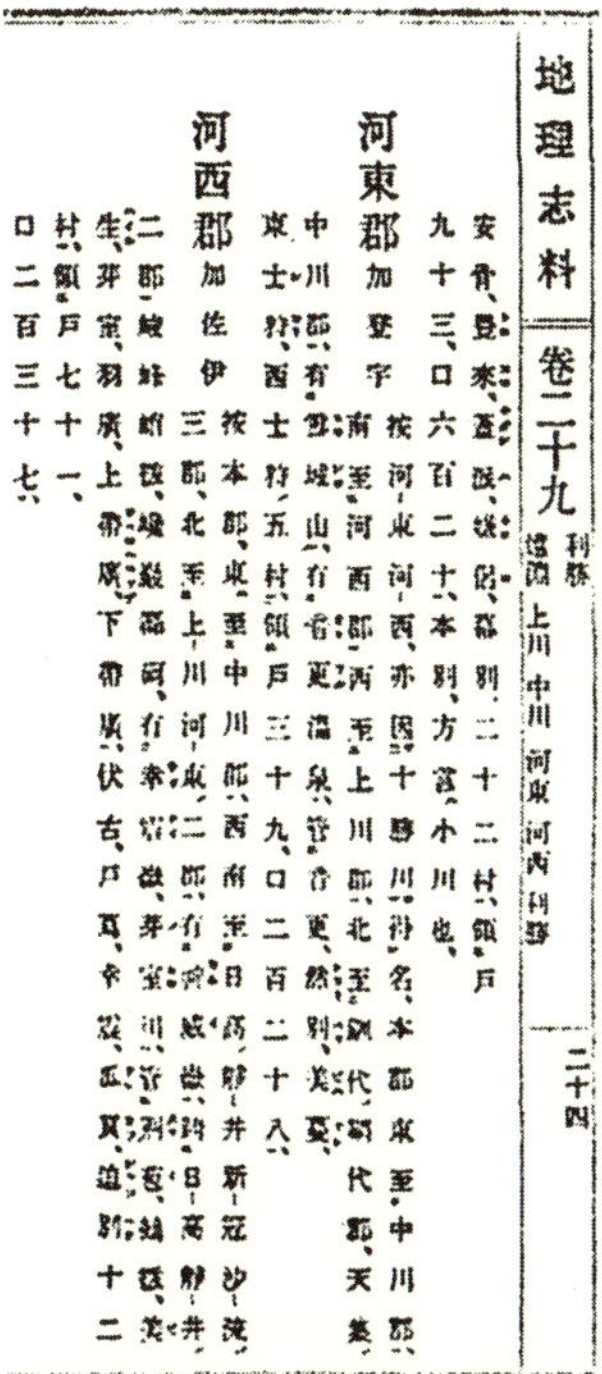
地理志料 巻二十九
上川 中川 河東 河西 利別
二十四
河東郡 加登宇
河西郡 加佐伊

邨岡弼著　古代地名辞書日本地理志料
（明治36年（1903）内閣印刷局上梓）

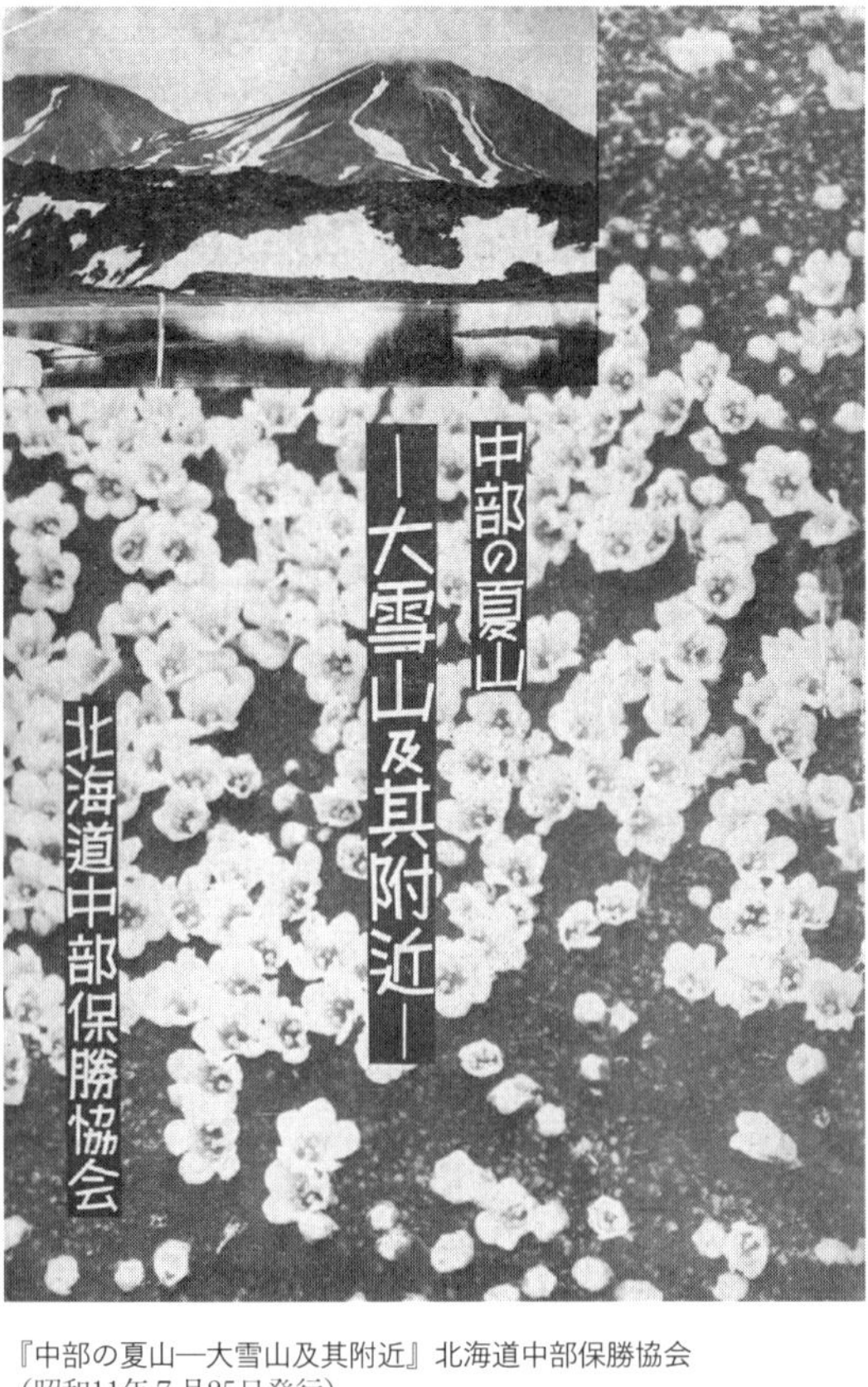

『中部の夏山―大雪山及其附近』北海道中部保勝協会
（昭和11年７月25日発行）

初期の大雪山案内人として活躍した成田嘉助翁

昭和二十七年六月に大雪山調査会で発行した『層雲峡　大町桂月記念号』に、座談会「層雲峡開発當初の思い出―桂月翁を偲んで―」がある。それには元鹽谷温泉主・塩谷忠(72)、元山案内人・成田嘉助(77)、元黒岳室番・皆木四郎(72)ら七名が出席し、思い出を語っている。

その中で成田は「上川中学(後の旭川東高)が初めて大雪山に登った一年前くらいに山に入った」と述べている。その当時、陸軍参謀本部陸地測量部では大雪山周辺の測量が実施されていたので、その測量隊の案内や荷揚げに従事していたのであろうか。

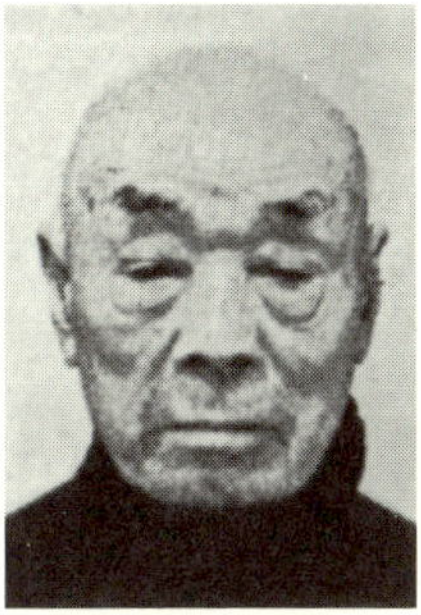

昭和39年撮影　89歳
(1876―1972)

その事を知りたくて昭和四十六年春、嘉助さんに直接手紙で「登山案内人になった動機、測量隊に従事の有無、層雲峡案内組合」について不躾ながら問い合わせた。するとご家族から「生来至極健康でしたが、老齢のため、本年一月頃から床にふしたままです。聴力も衰え、対話も困難で、本人から聞きただすことが出来ません」と、以前に聞いておられた事柄として、「明治九年六月十五日、秋田県北秋田郡鷹栖町沢口村字小森で生まれ、旭川に移住してからは植木を業としていました。明治三十九年頃から大雪山を中心に案内され、その他の山は芦別岳は聞いていましたが、他の山については不明です。案内は戦時中は登山どころではなく、客も少なく、昭和二十年の終戦時に、まだ健康でしたが七〇歳で廃業しました」と、ご厚意あるお手紙を頂戴した。

旭川中学の小泉秀雄が、大雪山を科学的に究明するために入山したのは明治四十四年七月である。大正十五年七月に大雪山調査会から発行した『大雪山登山法及登山案内』に、同行した嘉助を次のような賛辞を述べている。

余の第一回登山以来常に余に同行し、余の事業を遂行せしめたる案内人夫、成田嘉助氏に対しては、今更ながら感謝の外なく、日本アルプスの人夫以上遥に大なる苦労と辛惨とを嘗め、北海中央高地の探究中、天候の猛悪と、猛獣の為に屡々余と共に生命を失はんとせし過去を顧み、千万無量の想ひが、涙ぐましきまでに脳中をかけめぐるのである。嗚呼思ひ廻らせば、大雪山をして進歩せる現状までに開発し、世に出さしむる迄の諸人の盡せし心労と努力は、実に莫大であった。吾人は是等の人々に対して深く敬意を表する次第である。

大正九年七月に慶応大学体育会山岳部の大島亮吉が大雪山に登り、十年六月発行『登高行』第三年に「石狩岳より石狩川に沿うて」の名文を遺している。そのときの印象を大島は

成田嘉助は多年北海道の山岳、特にこの中央高地の山岳に研究されし、小泉秀雄氏に従行し訓練された者で、極めて立派な案内者たるの資格を有している。小泉氏の紹介である。また高橋浅市は同じ小泉氏及び札幌の登山家五十嵐成八氏の御紹介で、両氏と共に多くの登山をし、石狩岳に従行したことがある強健な巨きな体躯と快活な気質の所有者である〈中略〉湯を上ってから寝るまで山の話がランプの下で尚続けられた。嘉助も浅市もいかにもその打解けた、素朴な顔を輝かせ乍ら、何処か東北訛りの言葉で、山のことや、アイヌのことを語り聞かせて呉れる。二人とも山を歩くのが、大好きだと言う。外にもっと多く出面賃を貰える仕事があっても矢張り好きな山仕事へ来るのだと云う。自分は心からこのことが嬉しく思われた。そして此等の素朴な山人と共に生活することの出来る明日からの日を愉しく思った。

こうしてクワウンナイ川の遡行が始められ、トムラウシ山や石狩岳を登り、石狩川を下って留辺志部市街地での別れに際しても、十幾日もの間、同じ苦労と悦楽を共に頒ち、幾夜ともなく共に焚火を囲んで土に寝た此等の人々と、単に賃金を支払った代償として苦労を提供するといった冷たく簡単なものではなかった。彼等のまたと邂逅う機会もなさそうな、その去りゆく後姿を街角に消えるまで見送っていた。

大正十年に大町桂月が層雲峡を訪れ、大雪山に登り『中央公論』十二年八月号に「富士山に登って、山岳の高さを語れ、大雪山に登って、山岳の大きさを語れ」と発表し江湖に風靡した。さらに格調高き美文は続く

旭川市を根拠として嚮導を求めしに、成田嘉助という豪の者を得たり。植木を業とせるが、年来盆栽になるべき珍木を巌壁の間に求めむとて、数日の糧を齎らし、唯一枚の油紙を雨具として鉈の外には何の利器を持たずして、単身熊の巣窟に入り、険を踏み、危を冒して偃松の中に眠り、大雪山は言ふに及ばず、化雲岳を窮め、忠別岳を窮め、戸村牛岳を窮め、石狩岳を窮め、硫黄岳を窮め、十勝岳を窮めて、北海道の中央に連互せる高山には足跡到らぬ隈もなし。

と絶賛している。

小泉秀雄、大島亮吉、大町桂月の紀行に登壇した嘉助の山案内人としての位置づけは確してゆるがぬものとなり、大雪山登山に嘉助を頼って訪れる登山客は年ごとに増えていった。しかし。戦中戦後は登山どころではなく、食糧難にあえぎ、登山客も少なく、山案内は廃業せざるを得なかった。

昭和二十七年の大町桂月来訪三〇周年記念行事、四十二年の黒岳ロープウェー開通式には老齢ながらも出席され、山で鍛えた無骨な元気な姿を見せておられた。生涯を大雪山の発展と近代登山の隆盛に尽くされた嘉助も、天寿をまっとうし四十七年四月二十四日、享年九十七歳でこの世を去った。

『日本百景　層雲峡絵葉書』大雪山調査会発行
（東京渋谷　第一グラビア印刷）

大雪山天人峡温泉を繁栄させた佐藤門治の俳句

大雪山麓の東川町で大雪山関係の資料を収集しているので、町役場の資料室を閲覧。その中に昭和六十一年十二月、旭川・明治屋発行『旭川明治屋の百年　佐藤音次・門治・正治三代の譜』があり、門治は俳句に秀で多くの作品を遺していたのには驚いた。

旭川で島田柿州が明治四十年二月にルイベ吟社を創設し毎月句会を催していた。門治は中学三年で学生服姿で加わり、俳号を自ら雲夢、花軒、文字と称し句作に励んだ。また、四十三年一月に新たに青年俳人の佐藤文字、山崎柱国樓、善浪馬左士で、句社「帆立会」を結成し熱中した。

明治四十三年作品撰

ルイベ吟社新年句会　読み始めて早やお手つきのかるたかな

帆立会第一回句会　鐘楼へ篝の跡やゆき浅き

旭川新年俳句会　腕垣を掻きわけ取りし歌留多かな

北海タイムス俳壇　三日続き根深汁吸ふ寺の宿
旭川毎日新聞俳壇　松の内蕾なりけり福寿草
上川新聞　獅子狛犬も躍らむけさのゆき
素心会例会　朝顔に水やりて出る夕月夜

明治四十四年作品撰

ルイベ吟社新年句会　洛外の松に庵や初けむり
旭俳壇　山の尾の冬木や午砲台の煙
札幌俳句会　魚気のぞけば沼水鳥の広ろがりて
花矢会　屋敷神拝して梅に出代りぬ
習志野　山宿や百千鳥今日も啼き晴らす
初帆会五夜吟　冬囲う納屋に麦搗ぐ時雨かな
小樽新聞俳壇　山鳴りに木挽引揚ぐ年の暮
昭和十一年五月北海タイムス旭川支社募集で一等当選　大般の千年苔のつら丶かな
また、川柳、短歌、詩なども積極的で、「雪祭りの唄」「旭おどり」などの歌も作詞されている。

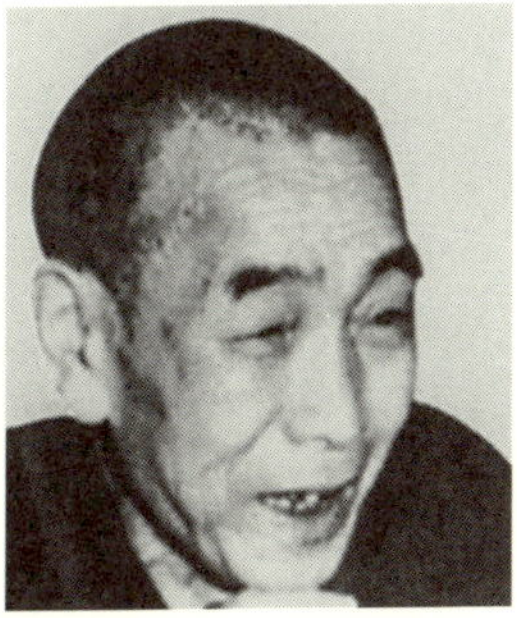

佐藤門治（1892—1967）

天人峡温泉天人閣
（昭和25年頃）

門治は明治二十五年三月に新潟県で生まれ、同年旭川へ。上川中学卒業後、時計、自転車など父の卸問屋を引き継ぐ。昭和五年十月、旭川市会議員に当選、十七年十月に市議会副議長、連続四回当選し二十二年まで務める。昭和九年六月、旭川観光協会を創立し理事長・会長を歴任し、大雪山国立公園指定に先立って天人峡温泉(旧松山温泉)の開発に意を注ぐ。当時の松山温泉は忠別渓、勝仙峡、天人峡といろいろな名で呼ばれていたが、十一年に天人峡温泉と命名し、自動車道拡幅改修工事など陳情を続けた。

昭和十六年八月に天人峡温泉㈱を設

立し門治は社長に就任。戦時中は工事は沈滞、災害にも侵されながら二十五年に天人閣本館が完成。その年に私は訪れたのである。

昭和十七年五月、紺綬褒章受賞。三十二年六月、全日本観光連盟から表彰を受ける。

門治は北海道新聞日曜版に「北海道よもやま話　大雪山物語」を昭和三十五年九月十六日から十月二日まで四回連載。書き出しは「北海道の屋根、大雪山の広大さは、まさに〝日本邦無比〟のものとして、アルピニストから折り紙がつけられ、特質の亜寒帯に属する高山植物の多彩さもその魅力となって、大雪の登山者は年ごとに驚異的な激増を示している」。また、天人峡の発祥については「明治三十四年ごろ、いまの天人峡が松山温泉という名で温泉宿が開かれた。オサナイイケップイノウ（納内村伊納）で、造材と炭焼きをしていた松山多米蔵さんが、『アイヌからヌタップカムシュペから流れているアインホップ川の断がいから落ちている滝（羽衣の滝）の下流にお湯が出ている』ということを聞き、そのアイヌといっしょに忠別川をさかのぼって温泉を見つけ、松山温泉とした」と記されている。この物語は探検時代から登山黎明期、層雲峡や愛山渓などの地名の成り立ちも詳記された優れた文である。

昭和四十一年四月、勲五等双光旭日章受賞。翌年二月、七十五歳の生涯を終えた。

大雪山登山史年表の詳録者

吉田友吉氏を偲ぶ

吉田友吉氏は平成六年三月、古希記念として『出典準拠　中央高地　登山詳述年表稿』B五判、九十一頁を私家版として出版された。その「あとがき」に、「年表メモ」を書き始めたのは昭和四十年ころで、正確な年表にするために鋭意努力したが、自分一人では誤謬や遺漏探しには限界がある。同好の方々にご覧いただいてご指導を受け、より正確な年表資料にしようと上梓しました―とある。

その二年四ヶ月後、努力の成果として〔増補版〕一一七頁を出された。「序文」によると「皆様方のご好意により、記載した全項目・細分は約二一〇〇項目、そのうち六二〇項目を追記した。メモを書き始めてから三十二年間、この増補版をもって解放されます―と

（1925―2012）
（写真提供・城　英利）

喜びを露にしている。

本書の「年表」は、西暦前四千年前「北海道の背骨、大雪山には古水成岩　新旧の火口あり　地下構造は複雑」から始まり、昭和六十一年六月「国土地理院発行　二万五千図十勝岳に〝雄鹿の滝〟を〝雄廉の滝〟と誤記」と、略記の引用文献を付して八十九頁掲載。

次いで大雪山の主要山岳や登山道、山小屋などを五十音順に配列。それぞれに年表を付して二十三頁掲載、資料検索にはとても便利である。最後の三頁は引用文献一覧で一七九文献が列記されている。

また、吉田さんは熱心な登山家であった。還暦を迎えた昭和五十九年は大雪山国立公園指定五〇周年記念の年なので、七月十六日から二十二日にかけて、ユニ石狩岳に登りトムラウシ山、スマヌプリ山群を踏破、十勝連峰の痩尾根を縦走し原始ヶ原に下っている。旭川勤労者山岳会から幾組ものサポートを得て達成された。植物には詳しいので出会った高山植物を列記しながら、大島亮吉、深田久弥、武田久吉らの記録を紹介している。この紀行は同年八月一日から十六日の北海タイムス朝刊に十五回連載された。

その年の八月十七日に日本最東端の山「知床岳」一二五四メートルに登り、日本の東西南北の四座を完登している。前年の三月十一日に最南端、沖縄県石垣島「於茂登山」五二五メートル。

四月十八日に最西端、沖縄県与那国島「久部良岳」一九一㍍。七月二十九日に最北端の礼文島「礼文岳」四九〇㍍に登っている。

六十五歳の平成二年には道内外の山、五〇〇座登頂を達成され讃えるべき記録である。

私が初めて吉田さんから手紙を戴いたのは平成六年十一月、拙著の昭和四十七年、日本山書の会『山書研究』第十八号掲載の「北海道登山史年表」、翌年、北海道撮影社刊『北の山脈』第十号掲載の「北海道登山小史②」をご覧になり、私の年表に「明治四十五年三月二日、レルヒ中佐の半面山スキー登山」が欠落しているのを指摘された。吉田さんは昭和六十三年『グラフ旭川』十一月号に「旭川市境界の山四〇座で、半面山をレルヒ中佐スキー登山の歴史ある山」として紹介されているので、「北海道に於けるスキー登山の嚆矢として記録されることを願います」とあった。私の知られざる事項だったので詫び状をお送りした。

折り返し「半面山スキー登山」を旭川勤労者山岳会機関紙に寄稿する原稿コピーが同封され、この件について「知り合いの新聞記者に洩らしていますのでご勘弁のほど願います」とあった。平成七年一月十九日にＨＴＶテレビから取材を受け、二十三日に「マイステーション再発見　北のスキー事始め　レルヒ異聞」が放映され、吉田さんは画面に何度も映り大変喜ばれた。その後、登山史について何かと文通が続いた。

道新スポーツ紙に、私が編集して「ふるさとの山めぐり」の連載が始まるので、吉田さんに平成十二年七月に「嵐山」の執筆をお願いした。返信は残念ながら「昨年六月パーキンソン病と診断され、脳に変化が起こり文章を書くことも、話すこともできなくなりました」とお断りになった。

平成十七年四月に秀岳荘創業五〇周年記念誌『山の仲間と五十年』を編集出版した。多くの方から礼状を頂戴したので、それを書信・書評集『敬山愛林　人と自然とのふれあいを大切に』を出版し、吉田さんから戴いた文も収録した。その礼状が入院先のケアハウスから九月二十五日付で送られ、それが最後となってしまった。

吉田友吉氏略年譜

大正十四年二月十二日　上川町で出生。昭和十四年（14歳）大雪山を縦走。翌年、旭川営林区署層雲別伐木造材事務所に勤める。二十四年、森林官吏の登竜門「森林主事」試験に合格。四十四年、北邦野草園造成現場責任者となり、二年後にオープンし初代園長。五十八年に退職。平成八年、旭川市文化奨励賞受賞。同年七月、『出典準拠〔増補〕中央高

地　登山詳述年表稿』私家版を発行。十六年十月、人生の集大成として『嵐山百科』を旭川嵐山ビジターセンターから出版。平成二十四年十一月九日、八十七歳でこの世を去った。

『大雪山讃歌』初出一覧

写真で見る探検・登山・保護への歩み　『山と渓谷』第709号　昭和56年8月　山と渓谷社
　発表したものに本文・写真を追記

館潔彦の測量功績を讃えて　『山書月報』第446号　平成12年3月　日本山書の会

陸軍参謀本部陸地測量部　館潔彦が撰点した北海道の一等三角点一覧　『山書月報』第446号
　平成12年3月　日本山書の会

旭岳測量百年記念行事について　『山書月報』第458号　平成13年3月　日本山書の会

ビギナーのためのプランニングガイド　ニペソツ山『週刊　続日本百名山』第23号　平成14年6月　朝日新聞社（平成13年8月5〜6日登山）

深田久弥がたどった道　トムラウシ　『岳人』第674号　平成15年6月　東京新聞出版局

私が同行した「まぼろしの深田百名山」音更山と石狩岳　『岳人』10月号別冊　秋山2004
　平成16年10月　東京新聞出版局（昭和43年6月21日登山）

我が青春の山　初めての大雪山　『山の本』第69号　平成21年10月　白山書房（昭和25年7月16〜

19日登山）
勇駒別温泉から旭岳を経て愛山渓へ（未発表　昭和36年7月23〜24日登山）
ウペペサンケ山（未発表　昭和36年9月2〜3日登山）
冬の十勝岳『北大結核研究所山の会』第5号　昭和39年12月（昭和37年3月14〜17日登山）
遭難寸前の大雪山クワウンナイ川遡行『譚』第13号　平成15年7月　二水会（昭和48年9月14〜18日登山）
正月の永山岳、愛別岳、当麻岳『続・野帳』第7号　昭和55年9月　北の野帳社（昭和49年12月29日〜1月3日登山）
紅葉の東大雪山縦走　別冊山と渓谷『ビスタリー』第14号　平成4年10月　山と渓谷社　（平成3年9月14〜16日登山）
十勝・大雪縦走記『札幌山の会会報』第281号　平成4年11月（平成4年9月11〜15日登山）
遙かなる山　下ホロカメットク山『山の本』第88号　平成26年7月　白山書房（平成8年5月3〜6日登山）
高山植物の咲き誇る北大雪の比麻良山『山の本』第24号　平成10年7月　白山書房（平成8年7月20〜21日登山）
高山植物盗掘で入山が厳しい扇沼山『山の本』第48号　平成16年7月　白山書房（平成15年6月

28〜29日登山）
然別湖の湖岸に聳える魅力ある白雲山　『山の本』第84号　平成25年7月　白山書房（平成24年10月15日登山）
西クマネシリ岳　アイヌ伝説のオッパイ山（未発表　平成26年9月27日登山）
ヌタクカムシュッペの石鏃　『山書月報』第72号　昭和44年1月　日本山書の会
雪城山と大島亮吉　『山書月報』第67号　昭和43年8月　日本山書の会
初期の大雪山案内人として活躍した成田嘉助翁　『山書月報』第113号に追記　昭和47年6月　日本山書の会
大雪山天人峡温泉を繁栄させた佐藤門治の俳句（未発表）
大雪山登山史年表の詳録者　吉田友吉氏を偲んで　『山書月報』第626号　平成27年3月　日本山書の会

高澤光雄　登山関係主要年表

一九三二年（昭和七年）
　四月　江別町字美原百二十番地で、農家の父・三郎、母ミツヱの五男四女の三男として出生。
　　　そこは祖父が明治三十二年に富山県から入植し十町歩を耕していた

一九三九年（昭和十四年）七歳
　四月　江別尋常高等小学校一原分教場に入学、一年から四年まで生徒一四人が一つの教室で
　　　学ぶ。農繁期には畑作業、近くの石狩川で魚を捕らえるのが日課

一九四一年（昭和十六年）九歳
　十月　大戦を前に食糧増産が強要され、父は子供の教育のため、母の実家の白石村に移住し
　　　て軍需工場に勤務。白石国民学校に転校、そこで絵画・山田義夫に学ぶ

一九四六年（昭和二十一年）十四歳
　五月　白石国民学校高等科二年の遠足で札幌市の円山に登る、背が低く運動会ではいつもビ
　　　りだったが、足腰は強くトップで頂上に立って山の醍醐味を知る

一九四七年（昭和二十二年）十五歳
　四月　札幌二中（現西高）夜間部に入学したが、通学は困難で旧制中学の札幌興北商業学校

三年に編入。翌年、教育制度は六・三・三制となり札幌経済高等学校と改称、珠算は札幌井上速算学校で学ぶ

一九四九年（昭和二十四年）十七歳

十月　山好きな高校の原田力雄先生に引率され、空沼小屋に泊まって空沼岳から札幌岳へ縦走。卒業まで仲間たちと登山に熱中した

一九五〇年（昭和二十五年）十八歳

七月　高校の仲間六人で大雪山を目指すが大雨で橋下でビバーク、真夜、増水で脱出し松山温泉で救われる。入山し、道に迷って勇駒別白雲荘に宿泊、心許ないと宿主に旭川東高の教諭を紹介され、無事黒岳まで縦走し目的を果たせた

一九五一年（昭和二十六年）十九歳

四月　丸善㈱札幌支店に入社、和書仕入係に配属。山仲間を募って丸善八脚会を組織し、ガリ版刷りの会報を作って登山に励む

一九五五年（昭和三十年）二十三歳

九月　外国雑誌係を任命され、丸善㈱東京本社の会議に出席、取締役で丸善山岳部長の小林義正の知遇を得る

一九六〇年（昭和三十五年）二十八歳

七月　丸善・小林取締役の紹介状を持って三井信託銀行札幌支店長に転任した望月達夫が来店、翌月、希望する羊蹄山に一緒に登る

九月　深田久弥が日本百名山利尻山取材で来道。望月の誘いで礼文岳に同行

一九六一年（昭和三十六年）二十九歳

十月　日本山岳会に望月達夫、小林義正の紹介で入会、会員番号五三〇八番

一九六二年（昭和三十七年）三十歳

六月　坂本直行を慕う人たちで絵のサークル『歩々の会』を結成、大丸ギャラリーでの絵画展に第一回から第十二回（一九七四年）まで出展

一九六三年（昭和三十八年）三十一歳

六月　滝川市・斎藤節次、富美子の長女・和子と結婚

長女・尚子（一九六四年九月）、長男・雄一（一九六七年五月）誕生

一九六七年（昭和四十二年）三十五歳

二月　日本山書の会に入会、書誌に投稿を続ける。現在、幹事を担当

一九六八年（昭和四十三年）三十六歳

五月　札幌山の会設立に加わり、登山技術を研修しながらより険悪な山を目指す

創立時に会報編集、一九七二年から二年間は会長、現在、顧問

一九六九年（昭和四十四年）三十七歳
七月　日本山岳会北海道支部再発足に奔走、設立時の支部委員、一九九三年から九六年、九八年から二〇〇〇年まで副支部長を歴任
一九七三年（昭和四十八年）四十一歳
三月　北海道撮影社刊『北の山脈』九号から終刊の四十号（一九八〇年）まで「北海道登山小史」を三十二回連載
十二月　積丹半島余別岳の北・東・西海岸三コースから、札幌山の会メンバーで二十九日から一月二日にかけて集中登山に成功
一九七五年（昭和五十年）四十三歳
七月　今西錦司に請われて千走温泉に泊まり、六日に狩場山を案内
一九七六年（昭和五十一年）四十四歳
七月　北海道勤労者山岳連盟主催、第十回全国登山祭典が二十四日に旭川公会堂で催され「大雪山登山史」を講演
一九七七年（昭和五十二年）四十五歳
十二月　日高山脈神威岳未踏の南西尾根を、札幌山の会メンバーで三十日から一月二日にかけて登頂に成功

一九八一年（昭和五十六年）四十九歳
十月　丸善㈱東京本社に転勤、寮で四年間過ごし、富士山や近郊の山に登る。日本山岳会や日本山書の会の集会に出席し多くの知遇を得る
一九八五年（昭和六十年）五十三歳
十一月　丸善㈱札幌支店に帰任、札幌大学内の丸善売店などに勤める
一九八六年（昭和六十一年）五十四歳
十月　父・三郎が呼吸障害で二日に自宅で急逝、享年八十五歳
一九九一年（平成三年）五十九歳
十月　建設省国土地理院の地形図の表示内容等に関する情報、意見を提供するマップモニターを七年間担当
一九九二年（平成四年）六〇歳
四月　丸善を定年退職。その年に十勝岳から大雪山縦走、知床半島を縦走
四月　放送大学で博物館学芸員コースなどを四年間受講
五月　白山書房で『山の本』を創刊、「山の本倶楽部」会員となり投稿を続ける
七月　深田クラブに入会、会報に深田久弥との同行記などを連載。顧問を務める
一九九三年（平成五年）六十一歳

十月　念願のヒマラヤへ二十三日から十一月二十八日までトレッキング、ゴーキョピークやチュクンなどを彷徨

一九九四年（平成六年）六十二歳

六月　朝日新聞社で「北海道ファイブ・マウンテン」の公募登山を実施、五年間ガイドを務める

七月　NHKテレビで「深田久弥の百名山」が放映され、大雪山旭岳にゲスト出演。山と渓谷社からビデオテープが発売される

十二月　北海道文学館主催「北海道の山と文学展」を六日から翌年三月まで開催。主催して著者署名本など蔵書を展示

一九九五年（平成七年）六十三歳

六月　米国オレゴン州最高峰マウント・フッドに札幌山の会メンバー三人で、七日から十一日にかけて登攀

十一月　倶知安双書『羊蹄山登山史』が倶知安郷土研究会から出版される

一九九六年（平成八年）六十四歳

一月　札幌市西区の三角山で出会った人たちで「山と森の散歩道」を組織、発足時に『三角山文化通信』の編集を担当。さまざまなイベントを催す

一九九七年（平成九年）六十五歳
十月　深田久弥の故郷、石川県加賀市大聖寺に「深田久弥　山の文化館」建設を目的に「深田久弥を愛する会」が結成され会員となる
一九九八年（平成十年）六十六歳
四月　道新スポーツで「北海道百名山」の編集を担当。一人一山で百人に執筆依頼、二年にわたって連載。好評で続けて「ふるさとの山めぐり」を四十七山連載
二〇〇〇年（平成十二年）六十八歳
九月　大雪山旭岳一等三角点測量百年記念として、国土地理院主管で東川町公民館で講演会を催し「旭岳測量前後と館潔彦にふれて」を話す
二〇〇三年（平成十五年）七十一歳
三月　日本山岳文化学会が発足し入会、『山岳文化』などに寄稿
五月　NHK文化センター新さっぽろ教室の登山ガイドを八年間務める
二〇〇五年（平成十七年）七十三歳
十月　日本山岳会創立百周年を迎えナカニシヤ出版から記念誌『新日本山岳誌』が発行され、北海道地方の編集を担当
二〇〇六年（平成十八年）七十四歳

五月　「週刊　札幌タイムス」㈱北海道二十一世紀タイムス）に「熟年登山を楽しもう！」と、中高年向けの北海道の山を十一月まで二十三山。続いて「ヒマラヤの山旅」を十二月まで六回連載

二〇〇八年（平成二十年）七十六歳

十一月　北海道出版企画センター発行『北海道の出版文化史』の編集に加わり、「北海道の山岳とスキー」を執筆

二〇〇九年（平成二十一年）七十七歳

二月　母・ミツヱが沢口医院で十一日逝去、享年百二歳

二〇一〇年（平成二十二年）七十八歳

一月　妻・和子が白石中央病院で二十一日に急逝心筋梗塞で死去、享年七十八歳

十一月　日本山岳文化学会大会が東京慈恵医大講堂で二十七日に催され、「深田久弥と山岳俳句」を講演

二〇一一年（平成二十三年）七十九歳

三月　㈱りんゆう観光主催のブータン・ヒマラヤの七日間のツアーに参加

六月　北方新書『北海道の登山史探究』を北海道出版企画センターから出版

二〇一二年（平成二十四年）八〇歳

四月　傘寿を記念して『愉しき山脈』を北海道出版企画センターから出版
十月　北海道山岳連盟創立六〇周年記念式典が二十一日にホテルライフォート札幌で開催され、「北海道の登山史」を講演
二〇一三年（平成二十五年）八十一歳
三月　㈱りんゆう観光主催ヒマラヤのアンナプルナ方面十日間のツアーに参加
五月　文献探索人編者・深井人詩賞として『高澤光雄著作選集―北海道の登山史を解く―』が金沢文圃閣から出版される
七月　北海道アウトドアクラブ主催のカムチャツカ半島八日間のツアーに参加
十二月　㈱りんゆう観光主催のオーストラリア七日間のツアーに参加、最高峰のゴジオスコ山に登る
二〇一四年（平成二十六年）八十二歳
七月　㈱りんゆう観光主催のヨーロッパアルプス十日間の旅に参加、アイガー北壁やマッターホルの直下までロープウェイなどで昇る
十一月　日本山岳文化学会大会が東京慈恵医大講堂で催され、二十九日に「幕末から明治へと全国の山を行脚した松浦武四郎」を講演

あとがき

平成二十六年三月に一般社団法人・ひがしかわ観光協会が、東川町より受託して『大雪山から育まれる文献書誌集〜豊かな自然、さまざまな生命・歴史文化の記録〜』が出版された。それに拙著が五冊も列記され、『愉しき山旅』に掲載した「高校三年の旭岳登山では天人峡温泉の佐藤門治に助けられ、勇駒別で工藤虎男、速水潔らと知り合うなど、さまざまな山仲間との出会いを書いている」と引き合いに出して評され驚いた。

登山知識のない十八歳の少年が、当時まだ旭岳頂上への登山道が記載されていない五万分の一地形図を携え、バスの終点比志内から歩いて天人峡へ向かった。途中で大雨に遭遇し、雨を避けて橋の下で幕営。真夜中に急に川が増水、濁流に流される寸前に目覚めて脱出、天人峡温泉で救われる。旭岳に向かうが道を間違え、気づいて勇駒別温泉に戻ると、管理人の工藤氏が心もとないと心配され旭川東高校引率の速水教諭を紹介された。翌朝引率されて出発、旭岳を越えると大雪渓、道探しで僅か待機する時間だったが低体温症を体験。道は直ぐに見つかり黒岳石室に辿り着いた。

その時に世話になった方々は忘れられない。その恩義に報いようと、今まで収集してきた大雪山の諸資料を東川町に寄贈することにした。そして六十五年間に綴ってきた拙文を纏め『大雪山讃歌』として編集。古い日記を手繰ってみると、大雪山系に訪れたのは八七回、延べ日数にして二百日は超えていた。

昨年は大雪山国立公園の指定から八〇周年の記念すべき年を迎えた。広大な国立公園内には著名な山の思い出が凝縮している。主に発表してきたのは所属する札幌山の会、日本山書の会、深田クラブなどの書誌。山岳雑誌『山と渓谷』『岳人』にも採用された。なかでも白山書房が平成四年に創刊した季刊『山の本』には、毎年のように発表し続けてこられたのは有意義だった。


出版に際しては、「序文」を東川町長の松岡市郎様にご執筆いただき、巻頭の「写真で見る大雪山　探検・登山・保護への歩み」では、東川町から多くのアドバイスならびに貴重な写真の提供を受けることが出来た。編集に当たっては、初出の転載をお許しいただいた各誌・各位には感謝を申しあげたい。またこの度も、拙著を五冊も出版して下さっている北海道出版企画センターにお世話になった。
東川町で「日本山書の会」全国総会を平成二十七年五月二十三日に開催、その日を記念し発行日とした。

高澤　光雄

高澤　光雄（たかざわ　みつお）

1991年９月14日
余市岳にて

1932年江別町生まれ。丸善㈱札幌支店に勤務し、92年に定年退職。
登山は、高校２年（49年）から始めた。68年に札幌山の会設立に参加し登山に励む。日本山岳会、日本山書の会、日本山岳文化学会などの会員。

著書

『羊蹄山登山史』	倶知安郷土研究会	1995年11月１日
『北海道の登山史研究』	北海道出版企画センター	2011年６月10日
『愉しき山旅』	北海道出版企画センター	2012年４月16日
『北海道登山史年表　1871～2012』	北海道出版企画センター	2012年10月20日
『高澤光雄著作選集』	金沢文圃閣	2013年５月
『山旅句　エッセー集』	北海道出版企画センター	2013年10月

主な編著書

『北海道登山記録と研究』	札幌山の会	1995年５月20日
『北海道の百名山』	北海道新聞社	2000年５月17日
『山の仲間と五十年』	秀岳荘	2005年４月１日
『新日本山岳誌』	ナカニシヤ出版	2005年11月15日
『北海道中央分水嶺踏査記録』	日本山岳会北海道支部	2006年10月14日
『はるかなる　ヒマラヤ』	北海道出版企画センター	2011年７月12日

大　雪　山　讃　歌

発　行　2015年５月23日
著　者　高　澤　光　雄
発行者　野　澤　緯三男
発行所　北海道出版企画センター
〒001-0018　札幌市北区北18条西6丁目2-47
電　話　011-737-1755　FAX　011-737-4007
振　替　02790-6-16677
URL　http://www.h-ppc.com/
E-mail　hppc186@rose.ocn.ne.jp
印刷所　㈱北海道機関紙印刷所
製本所　石田製本株式会社

ISBN978-4-8328-1502-5　C0025